AF452371

DE L'UTILITÉ D'UN ENTREPOT RÉEL

ET D'UN ENTREPOT UNIVERSEL

A PARIS;

DES AVANTAGES POUR LA FRANCE DE L'ADMISSION CHEZ ELLE DES PRODUITS DE L'INDUSTRIE ÉTRANGÈRE.

PAR LES DIRECTEURS

DE L'ACADÉMIE DE COMMERCE ÉTABLIE A PARIS.

DÉDIÉ A MM. LES JOURNALISTES.

Cuique suum fas est, sibi omnia ne fas.
(SENÈQUE.)

A PARIS,

CHEZ L. G. MICHAUD, IMPRIMEUR DU ROI,
RUE DES BONS-ENFANTS, N°. 34.

M. DCCC. XVI.

ÉPITRE DÉDICATOIRE

A MM. LES JOURNALISTES.

MESSIEURS,

DEPUIS bien long-temps nous cherchons
à deviner pourquoi, excepté deux journaux
spéciaux, tous les autres n'ont presque
jamais entretenu un peu sérieusement leurs
lecteurs, ni du commerce, ni de ce qui a
rapport au commerce. Comment ! nous di-
sions-nous, est-ce que personne n'écrit sur
cette matière ? Ou bien serait-ce qu'on ne
la juge pas d'un assez grand intérêt pour
en occuper le public ?

Desirant obtenir une solution sur la
première question, nous avons écrit nous-
mêmes sur le commerce ; et nonobstant
qu'il y a six ou sept ans, nous avons
publié un *Rudiment de la comptabilité
commerciale*, ouvrage élémentaire et d'une
grande utilité, dont vos feuilles n'ont point
parlé, nous avons encore eu soin en 1814,
à l'époque de la restauration, d'envoyer
à tous les journaux plusieurs exemplaires

d'un autre ouvrage intitulé : *Réflexions d'un ancien négociant sur le commerce, ses règles, ses usages et son code*, dont, hors le *Journal de Commerce* de M. Bailleul, les autres journaux n'ont pas dit un mot.

Enfin, au mois de mai dernier, nous avons fait passer à Messieurs les journalistes, sans exception, des prospectus de *l'Académie de Commerce* que nous avons ouverte en cette capitale, en y joignant une invitation de venir prendre connaissance de cet utile Établissement; et toujours, sauf les deux feuilles spéciales et *la Quotidienne*, qui en a touché légèrement quelque chose, aucun de vous, Messieurs, n'en avez parlé dans les vôtres.

Cependant on ne peut pas douter que ce qui a trait à l'utilité publique, ne vous touche bien autant que ce qui ne sert qu'à amuser vos lecteurs ; peut-être que, commandés par le besoin de leur plaire, vous êtes souvent obligés de sacrifier pour eux l'utile à l'agréable, et que, dans l'abondance des matières, l'habitude vous fait choisir ce qui est le plus conforme à leur goût.

Le moment est peut-être venu où le public doit s'occuper sérieusement de ses intérêts. Vous! Messieurs, vous! chargés de diriger son esprit, ne pensez-vous pas qu'il est temps de l'entretenir de choses graves, et de le faire songer à réparer les maux qu'il a soufferts?

C'est ce que nous croyons, et nous venons vous aider à le mettre sur la voie.

La petite brochure que nous avons l'honneur de vous dédier, traite trois questions d'un intérêt majeur. En les communiquant au public, elles éveilleront son attention, la discussion s'établira, la lumière jaillira, et le bien résultera ; il est notre seul but, le seul objet de nos desirs ; et nous souhaitons que ce même public puisse dire avec nous : « les journaux aussi » y ont concouru ! »

Nous avons l'honneur d'être avec une parfaite considération,

MESSIEURS,

Vos très humbles serviteurs,

LEGRET et VANACKER,
Directeurs de l'Académie de commerce.

Paris, ce 15 juillet 1816.

AVANT-PROPOS.

————

L'Académie de Commerce établie à Paris, considérée comme Établissement d'utilité publique, est en possession de méditer souvent sur les intérêts du commerce ; et c'est peut-être, pour les fondateurs et directeurs de cet Établissement, une obligation de communiquer leurs idées sur le bonheur et la prospérité de la France.

Les trois importantes questions d'un *Entrepôt réel*, d'un *Entrepôt universel*, et de l'*Admission des produits de l'industrie étrangère*, leur ont paru des sujets sur lesquels tout bon français était appelé à publier ses réflexions ; ils présentent donc le résultat des leurs, sur ces trois points capitaux de la prospérité nationale.

Si ce petit essai, tout susceptible qu'il soit d'être critiqué et même combattu, est accueilli et encouragé en faveur de la pureté des intentions, ils se feront un plaisir et un devoir de continuer à émettre leurs idées sur cette intéressante matière.

UN ENTREPOT RÉEL
A PARIS.

Si l'on s'est occupé de cette question importante, c'est sans doute dans la vue de conserver à la ville de Paris cette activité commerciale qu'elle avait acquise pendant la guerre, et que l'état de paix lui enlève radicalement.

Certes il est très bien de s'intéresser au sort d'une ville comme Paris, et de grand cœur nous applaudissons aux intentions de ceux qui ont conçu l'idée de la favoriser par l'établissement dans son sein d'un entrepôt réel ; mais, d'une part, croit-on que, dans l'état actuel des choses, cet établissement lui puisse être fort avantageux ; et ensuite, la capitale doit-elle captiver seule nos pensées et notre sollicitude ? Le reste de la France ne réclame-t-il pas aussi notre attention ? Et pouvons-nous espérer que nous réussirons à faire le bien de Paris, lorsque nous n'aurons pas songé préalablement à faire celui de tout le royaume.

Pour le produire ce bien, et pour déterminer la manière de l'opérer, commençons par voir quels maux il doit réparer, et mesurons-le à leur étendue ; connaissons bien la maladie, afin de bien choisir le remède qu'il convient de lui appliquer.

Autrefois la France était riche et puissante par son sol, ses manufactures, son commerce, sa population, ses colonies et sa marine.

Autrefois Paris était brillant et prospérait par les sciences, les lettres, les arts; par ses finances, par son luxe, et encore par une industrie de fabrique qui lui est particulière.

La révolution et la guerre ont enlevé à la France ses principales colonies, sa marine, son commerce, et une partie de sa population.

La révolution et la guerre, si nuisibles à la France en général, l'ont été beaucoup moins pour Paris en particulier, parce qu'elles n'ont fait qu'y changer la nature des ressources, et qu'elles lui en ont même procuré de nouvelles (1).

La restauration et la paix qui, comme l'aurore d'un beau jour, promettaient à la France son ancienne splendeur et à Paris son état primitif, ne peuvent plus aujourd'hui, par l'effet d'une catas-

____

(1) L'état de guerre a rendu Paris une ville de commerce et d'entrepôt; sa situation la mettait à même d'alimenter le Midi et le Nord des productions de l'un et de l'autre; parce que les risques de mer obligeaient toutes les marchandises ou à traverser cette capitale, ou à circuler dans son rayon. En faut-il d'autres preuves que toutes ces maisons de roulages qui s'y sont établies depuis la guerre, et qui y ont toutes plus ou moins prospéré.

trophe qui n'a jamais eu d'exemple, atteindre seules à ce but desiré; elles enlèvent même à Paris les nouvelles ressources qu'il avait su trouver dans l'état de guerre.

Si tout le monde s'accorde aujourd'hui pour penser que le commerce est le seul moyen de réparer les maux que la France a soufferts, c'est comme si tout le monde s'accordait à dire que c'est dans l'agriculture, dans les arts, dans les manufactures, que nous devons chercher le remède à ces maux ; car ce sont eux qui font naître le commerce, qui entretiennent son activité et lui donnent de la splendeur.

En s'occupant uniquement des moyens de rendre à Paris une activité commerciale, on prend, selon nous, la fin pour les moyens; et l'on élève un édifice avant d'avoir préparé le terrain qui doit le recevoir.

Paris ne peut devenir une ville commerçante, qu'autant que la France sera devenue commerçante elle-même ; et la France ne peut le devenir, de la manière dont nous devons l'entendre, qu'autant qu'elle aura préalablement perfectionné son agriculture, ses arts et ses manufactures, c'est-à-dire, qu'autant qu'elle les aura dirigés plus généralement vers des productions qui constituent ce qu'on appelle un grand commerce. Car ce serait une erreur de s'imaginer que le véritable commerce consiste dans ces objets de luxe ou de modes frivoles, dont notre industrie s'est si exclusivement emparée; que, sous ce rapport, nous rendons, pour ainsi dire, toutes les nations nos tributaires. Non, non, ils n'en sont qu'un faible accessoire; sa principale existence ne se trouve que dans les objets de première nécessité : des aliments, des vêtements, voilà sa base; le sol produit la matière, et l'industrie la façonne et l'approprie au goût, de-là naît le commerce.

Si cette hiérarchie de prospérité est reconnue, sachons observer les gradations, et avant de songer au commerce, songeons à bien nous assurer de ce qui le constitue.

L'agriculture doit être le premier objet de nos soins. Est-il vrai que la terre nous ait déjà donné tout ce qu'elle est susceptible de produire? Et ne serait-ce pas méconnaître l'inépuisable bonté de la nature que de se le persuader? Persuadons-nous bien plutôt que la terre recèle encore dans son sein une infinité de richesses, qu'elle n'accorde qu'au travail, aux sueurs, à l'étude, à l'intelligence, aux lumières, à la patience du cultivateur (1).

____

(1) Lisez Arthur Young, ce philosophe cosmopolite qui est venu chez nous nous dévoiler tous les secrets de l'agriculture, et nous indiquer tout ce que nos terres pourraient encore nous donner, si nous voulions bien sérieusement le leur demander.

D'après les tableaux de statistique les plus avérés, la France

Attachons-nous donc à bien étudier notre sol , n'hésitons pas à lui consacrer les capitaux qu'il demande; sachons en arracher mille nouvelles productions dont le germe caché ne cherche peut-être qu'à se développer pour récompenser nos travaux. La terre est en même temps , et prodigue et avare ; d'un côté elle produit d'elle-même et spontanément, de l'autre elle n'accorde qu'à force de culture, mais partout elle dit : je ne demande qu'à donner.

Les arts et les manufactures doivent à leur tour appeler sur eux notre attention.

Les arts ! les avons-nous toujours dirigés vers des objets utiles au commerce ? Ils ont atteint chez nous un haut degré de perfection, sans doute , mais ceux qu'on appelle libéraux, ont le plus souvent consacré leur pinceau , leur ciseau,

---

présente une surface d'environ cent millions d'arpents ; en estimant le produit, par année, de chaque arpent au prix moyen d'environ 5o francs , elle devrait donner un revenu annuel d'environ 5 milliards.

Comment se fait-il que l'excédent de sa consommation , c'està-dire , ce qu'elle exporte chaque année au-delà de ses besoins, ne s'élève jamais au plus qu'à environ 5oo millions ? Il faudrait que sa culture fût terriblement négligée, ou que les produits se pourrissent dans les greniers ; car il n'est pas possible de croire qu'elle consomme elle-même les dix-huit vingtièmes au moins de ce qu'elle peut récolter tous les ans. Non , la vérité est qu'en France l'agriculture est bien loin d'avoir atteint son apogée.

leur burin à des sujets nationaux, qui , n'intéressant que nous , n'apportaient pas un grain dans
la balance du commerce.

Nos manufactures! se sont-elles toujours préfé-
rablement adonnées aux articles d'une grande
consommation , d'une consommation universelle ,
et les avons-nous toujours aidées et encouragées
convenablement? Nous devons reconnaître que ,
sauf nos productions indigènes et ces articles de
luxe ou de mode dont nous avons parlé tout-à-
l'heure , les produits de nos manufactures trouvent
presque partout une concurrence , si ce n'est fâ-
cheuse , du moins rivale , et que tant que nous ne
serons pas parvenus à l'écarter par le perfectionnement et l'économie , surtout dans les objets de
première nécessité , nous ne pourrons guère
espérer de nous signaler par le commerce.

Agriculture , arts , manufactures , réunissez-
vous donc pour travailler de concert à créer , à
alimenter un grand commerce , qui ne peut prospérer que par votre concours , et qui seul peut
réparer les maux de la France !

Que le cultivateur, en consultant la température,
interroge la terre ; qu'il lui demande et la con-
traigne par la constance , par l'opiniâtreté de ses
recherches et de ses travaux , à lui donner tout
ce qu'elle recèle encore ; qu'il sache en arracher,
en extraire tous ces nouveaux produits, toutes
ces nouvelles matières qui , sans être indiqués ,

existent, on n'en saurait douter, et sont cachés dans son sein.

Et comme il est de fait qu'il n'existe pas une seule plante, pas un chardon, pas un brin d'herbe qui ne porte avec soi quelque propriété, que le savant économiste, que l'habile chimiste s'étudient à leur en découvrir de nouvelles.

Que l'artiste, que le fabricant, que le manufacturier s'évertuent à mettre en œuvre les nouveaux comme les anciens produits de la terre, avec encore plus de soin et d'économie que jamais, et qu'ils s'appliquent surtout à les convertir en objets le plus généralement utiles aux peuples.

Enfin que la France,

> Qui naguère, semblable aux plus affreux climats,
> Paraissait ne porter que du fer, des soldats,

prenne aujourd'hui une face nouvelle ; que partout on y voie l'industrie et les bras tendre vers un même but, celui de la production et de la fabrication. Qu'elle montre à tous, cette belle France, que son génie ne connaît point de limites ; et qu'après avoir été la plus savante, la plus éclairée, la plus belliqueuse et la plus véritablement triomphante de toutes les nations, elle sait encore devenir la plus agricole, la plus manufacturière, la plus commerçante, et par conséquent la plus véritablement puissante et la plus heureuse.

Mais pour que la France puisse atteindre à ce point de prospérité, il ne suffit pas que les savants, les cultivateurs, les artistes, les manufacturiers veuillent sérieusement s'adonner à l'agriculture et à l'industrie commerciale, il faut encore que la finance s'unisse à eux et se décide à les seconder, à les encourager ; il faut que Paris surtout, ce centre des richesses, cette cité sur le sort de laquelle notre sollicitude vient d'éveiller les idées salutaires et vraiment libérales que nous nous plaisons à émettre ici, veuille aussi s'identifier avec le commerce ; elle y est aujourd'hui plus intéressée que toute autre, puisque, sans pouvoir recouvrer toutes ses anciennes ressources, celles qu'elle s'était créées pendant la guerre lui échappent encore. Oui, nous le répétons, sous peine de voir ses rues désertes et ses habitants transformés en bergers ; sous peine de voir le berceau des beaux-arts et de la civilisation devenir le réceptacle de la misère et du crime, il faut que Paris se détermine à devenir une ville essentiellement commerçante.

Ce ne seront plus ni son agiotage, ni ses étuis, ses tabatières, ses éventails, ses modes et autres brinborions de cette espèce, qui pourront alimenter cette grande cité ; ce ne seront plus ni ces milliers de boutiques, dont les fastueuses décorations, en fascinant nos yeux, ont pu nous faire croire à l'existence d'un grand commerce, dont elles ne sont qu'un très petit fragment ; ni ces myriades d'artisans, d'ouvriers soi-disant fabricants, nichés sous des mansardes, et tellement multipliés, qu'ils sont réduits à ne rivaliser que par le bon marché, père de l'imperfection, qui pourront entretenir sa population diminuée par l'absence du luxe, son ancien nourricier, et l'oisiveté de la finance qui n'y trouvera plus matière à ses calculs ; non, ce ne seront plus ces êtres de raison qui pourront désormais lui procurer les subsides qu'elle doit payer à l'État ; il lui faut aujourd'hui quelque chose de plus solide, de plus substanciel que tout cela ; il lui faut de grands et nobles établissements qui, en se rattachant au commerce en général, puissent lui donner à elle-même une nouvelle vie.

Revenons maintenant à l'objet qui a provoqué toutes ces réflexions.

Un entrepôt réel dans Paris serait-il un moyen bien efficace, pour en faire ce qu'on appelle une ville essentiellement commerçante ? Nous ne le pensons pas. Car, puisqu'un entrepôt réel n'est autre chose qu'un lieu destiné à recevoir uniquement des marchandises étrangères ou exotiques, qui, devant acquitter des droits à leur entrée dans le royaume, ne les acquittent qu'au moment où elles sortent de cet entrepôt, Paris aurait toujours à soutenir la concurrence avec les autres semblables entrepôts déjà établis dans différentes

villes, et peut-être ne lui en viendrait-il que peu ;
mais, en admettant qu'il en recevrait beaucoup,
comme sans doute on le suppose, en sollicitant
cela comme une faveur, s'il en résultait pour lui
spécialement un avantage quelconque, cet avantage serait bien plus éminemment partagé par
l'étranger que par nous ; car nous devons reconnaître que le commerce des marchandises étrangères est bien plus dans les mains de nos rivaux
que dans les nôtres ; et l'expérience nous ayant
démontré combien il est nuisible à nos intérêts
de vouloir le ressaisir trop précipitamment, il est
présumable que nous ne pourrons de long-temps
le recouvrer. Cette réflexion nous fait apercevoir,
qu'en accordant un entrepôt réel à la ville de
Paris, on ne lui ferait qu'un faible cadeau, ou
que du moins on ne ferait en cela rien de véri -
tablement avantageux pour le commerce de la
France.

Si cependant nous nous accordons tous pour
reconnaître que c'est le commerce seul qui peut
devenir le sauveur et le réparateur de nos maux,
pourquoi n'envisager les choses qu'à demi ? Pourquoi ne nous occuper que d'un palliatif local,
lorsque nous avons besoin d'un rémède radical et
universel ? Il ne s'agit pas seulement d'atténuer le
mal ; il faut le guérir, il faut l'extirper entiè-
rement.

Ah ! sachons, sachons nous placer à la hauteur

des circonstances qui nous commandent ; mesurons la grandeur du remède à la grandeur de la calamité qui nous accable ; et puisqu'elle menace de nous anéantir, osons lui opposer un grand caractère et concevoir de grandes choses.

Oui, il faut rendre à Paris une nouvelle existence ; mais, puisqu'il est vrai qu'il ne peut la trouver que dans le commerce, ne perdons pas de vue que toute la France est dans le même cas, et cherchons noblement le moyen de vivifier l'un et l'autre par le commerce.

Il en est un qui se présente à notre esprit, et qui, selon nous, peut seul atteindre ce double but ; et c'est justement l'idée de cet entrepôt réél dans la capitale qui nous a mis sur la voie et nous l'a fait découvrir.

Au lieu de ce mesquin bienfait, sollicitons-en un plus grand, plus efficace et plus profitable a toute la France ; transformons cet *Entrepôt réel* en un *Entrepôt universel*, et formons-en tout de suite un lieu ouvert indistinctement à toutes les productions possibles du sol et de l'industrie, tant indigènes qu'exotiques.

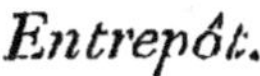

D'UN ENTREPOT UNIVERSEL
A PARIS.

Un tel établissement représenterait , si nous pouvons nous exprimer ainsi pour bien rendre notre idée , un vaste magasin d'hypothèques mobiliaires , un grand lombard européen , dans lequel le gouvernement d'un côté , et la finance de l'autre , trouveraient constamment la garantie; l'un , des droits qu'il aurait à percevoir; l'autre , des avances ou des crédits qu'elle aurait accordés au commerce. Nous proposons aussi d'en fixer le siége à Paris ; d'abord , par la même raison qui militait déjà en sa faveur pour l'entrepôt réel , et ensuite , parce que les capitaux épars et disséminés dans les différentes villes , venant presque toujours se réunir dans la capitale, peuvent plus souvent offrir au commerce de grands et puissants secours.

Nous savons qu'il n'est pas de proposition , quelque bonne qu'elle puisse être , qui ne trouve des contradicteurs , et à laquelle on ne puisse opposer des objections , si ce n'est bien justes , au moins très spécieuses ; nous en devinons même plusieurs que nous allons essayer tout de suite de combattre aussi victorieusement que nous le pourrons.

D'abord, nous dira-t-on : mais ce que vous proposez-là est gigantesque. Combien de difficultés s'opposent à l'exécution ! Où trouver un local propre à asseoir un semblable établissement? Quels immenses capitaux ne faudra-t-il pas rassembler pour le former ? Et puis... et puis... et puis... que sais-je ?

Gigantesque !.... Ah ! voilà des mots !...., Eh ! ne sont-ce pas des malheurs, des événements, des catastrophes gigantesques que nous avons éprouvés? Nos maux aujourd'hui ne sont-ils donc que des bobos qu'on supporte facilement, et que l'on guérit avec la moindre chose ?.... ou bien ne serions-nous que des pygmées aux yeux de qui tout paraît colossal? gigantesque !....

Et pourquoi nous effrayer ainsi de ce qui est grand, et le travestir en gigantesque? Est-ce à nous, dont le génie peut atteindre à tout, à reculer devant une proposition noble et majestueuse, et à la rejeter sans avoir cherché à vaincre les difficultés qui l'accompagnent ? Un local ! des capitaux ! sont-ce donc là des obstacles insurmontables ? Et si vous avez vu à Londres ces immenses magasins des Indes orientales et occidentales, avez-vous imaginé que des génies, que des fées ont seuls pu les élever? Non, c'est l'industrie, c'est le patriotisme, c'est l'intérêt commercial bien entendu qui les ont construits. Pénétrons-nous bien de ce grand intérêt, et les emplacemens et les capitaux ne nous manqueront pas; et nous verrons les pierres venir, comme par enchantement, se ranger d'elles-mêmes, et composer l'édifice.

Mais c'est une innovation, dira-t-on encore; et pourquoi, entre autres choses, offrir un entrepôt à des productions nationales qui ne doivent rien au fisc ? Et comment asseoir des hypothèques sur des marchandises sujettes à dépérissement, et même à tomber en non valeur (1)?

A ce premier pourquoi, nous pourrions vous répondre: demandez aux Anglais ? mais nous aimons mieux vous dire tout bonnement que, lorsqu'il s'agit de favoriser ou Paris ou le commerce en général, il faut attirer à soi les marchandises, en plus grande quantité que possible; que pour les attirer, il faut leur offrir un appât, un motif déterminant, et qu'il n'en est point de plus puissant que celui de l'assistance des capitaux qui aident à leur circulation ; que cette assistance, qui facilite les spéculations du commerce, lui serait rarement et faiblement offerte, si les marchandises qui en font l'objet n'en devenaient, d'une manière sûre et positive, le gage et la garantie.

____

(1) Les vins et les eaux-de-vie, pour lesquels on a établi à Paris un entrepôt général, ne sont-ils pas aussi des productions nationales également sujettes à dépérissement?

Quant à votre comment, relatif à l'hypothèque, nous vous dirons qu'il est des mesures à prendre, et que ces mesures nous seront indiquées par les usages du commerce lui-même.

Oui, nous convenons que c'est une innovation que nous vous proposons; mais du moins, c'est une innovation grande, utile, et en quelque sorte indispensable; une innovation qui, en même temps qu'elle assurera une existence à la capitale, offrira aux cultivateurs, aux fabricants, aux commerçants de tout le royaume, des avantages inappréciables.

Mais, disent encore nos contradicteurs, ces avantages n'existent-ils pas déjà? et tous les commerçants du royaume, tous les fabricants, tous les cultivateurs, n'ont-ils pas eu, de tout temps, la faculté d'envoyer en dépôt ou en consignation à Paris et dans les autres villes leurs denrées ou marchandises, chez des correspondants, banquiers ou commissionnaires, et en disposant d'une partie de leur valeur? Que deviendront tous ces correspondants du moment où vous aurez rendu leurs services inutiles? Que deviendront aussi tous ces propriétaires de grands magasins qui, au milieu de Paris, reçoivent et abritent les marchandises, lorsque celles-ci iront toutes se loger dans votre entrepôt universel?

Oui, sans doute, tout cela est très vrai; mais,

d'abord, vous ne connaissez pas encore l'organisation de l'entrepôt ; ensuite, nous ne vous avons
pas encore dit que les services de ces correspondants seraient tout-à-fait inutiles, ni que l'apport
des marchandises à l'entrepôt serait généralement
obligatoire.

Mais de bonne foi, et dans les intérêts du commerce, ne reconnaissez-vous pas que la cherté
du terrain à Paris, en rendant aux propriétaires
ces magasins extrèmement coûteux, les oblige
à renchérir le magasinage, et à grever d'autant
le commerce ? Et d'ailleurs, peut-on être retenu
par des considérations particulières, qui doivent
toujours disparaître devant les intérêts généraux?
Enfin, reconnaissez-vous combien de fois vous
avez dit vous-même que tous ces dépôts, que
toutes ces consignations de marchandises, n'é-
taient, au vrai, qu'autant de lombards privés,
qui, pour la plupart, ont bien plus nui au commerce qu'ils ne l'ont secouru ? Et, en effet, si
l'on veut remonter à la source des innombrables
faillites qui ont affligé le commerce de la France,
on trouvera qu'elles ont presque toutes été occa-
sionnées par les frais exorbitants, par les intérêts usuraires, par les ventes forcées que ces
dépôts ou consignations traînent toujours à leur
suite.

L'innovation dont nous nous occupons ici a

aussi pour objet d'offrir aux cultivateurs, aux manufacturiers, et à tous les commerçants du monde, cette faculté de déposer leurs marchandises, en se prévalant d'une partie de leurs valeurs ; mais en les dégageant de ces intérêts usuraires, de ces ventes forcées, de ces frais arbitraires qui les grèvent et ruinent le commerce ; et toutefois, comme on le verra plus tard, sans repousser l'intermédiaire de ces commissionnaires que nous reconnaissons nous-mêmes pour des négociants très utiles.

C'est lorsque les opérations sont privées, sont divisées et disséminées, que les abus peuvent se cacher et se multiplier impunément. Dans les grandes entreprises, au contraire, ils forment nécessairement une masse qui, en frappant les regards, provoque leur destruction, et souvent même peut les empêcher de naître. Voilà pourquoi le commerce de l'Inde, qui, abandonné à lui-même, et livré à toutes les mains qui veulent l'exploiter, est presque toujours ruineux pour chacune, devient avantageux lorsqu'il est entrepris par compagnie ; et croyez bien que si les succès résultent alors de l'unité des combinaisons, ils résultent aussi de l'absence des abus qui ne peuvent s'y introduire sans être aussitôt aperçus, dénoncés et réprimés.

Puisqu'il est de fait que dans les dépôts ou consignations privés, l'arbitraire des intérêts des frais, et notamment les époques fatales fixées pour le remboursement; qu'enfin ces espèces de réméré sont nuisibles et ruineux pour le commerce, et que ce n'est qu'à ses dépens que des capitalistes, prêteurs ou spéculateurs, trouvent ainsi les moyens de s'enrichir; s'il est juste de leur accorder le prix des secours qu'ils peuvent offrir au commerce, il ne l'est pas moins d'empêcher que ce prix n'excede les bornes des sacrifices que peut supporter le commerce. Le vrai moyen de régler ces sacrifices, c'est de les proportionner aux risques; et le moyen de diminuer ceux-ci, c'est d'offrir aux prêteurs, dans un grand et solide établissement, toutes les garanties qui peuvent asseoir leur confiance; et où trouveront-ils ces garanties, si ce n'est dans l'entrepôt universel que nous proposons?

D'accord, disent ici les contradicteurs; mais en admettant l'existence de cet entrepôt, à combien d'inconvénients n'expose-t-il pas le commerce, et n'est-il pas sujet lui-même?

D'une part, si toutes les villes envoient leurs marchandises à l'entrepôt de Paris, voilà leur commerce particulier et leur prospérité locale détruits; et si elles ne les y envoient pas, c'est votre grand entrepôt qui devient, pour ainsi dire, inutile.

D'autre part, supposez un négociant ou fabricant de Marseille, par exemple, qui, pour pro-

fiter des secours que lui offre la finance de Paris,
y aurait envoyé des marchandises ou des savons
de sa manufacture ; si plus tard leur débouché le
plus avantageux allait se rencontrer soit à Lyon,
soit dans quelques-unes des villes qui se trouvent
sur la route de Marseille à Paris, voilà des marchandises qui auront déjà fait un trajet inutile,
obligées d'en faire un second pour rétrograder,
et voilà des frais de transport en pure perte, qui
grèveront d'autant la marchandise.

Ces objections ne sont que spécieuses ; et, malgré cette apparence de solidité qu'elles présentent
au premier aperçu, nous pensons qu'il ne nous
sera pas difficile de les combattre.

Si, comme on le suppose, toutes les villes de
France envoient leurs marchandises à l'entrepôt
de Paris, elles auront par cela seul démontré son
utilité et les avantages qu'il aura procurés à leur
commerce. Mais nous demandons, à notre tour,
si les avantages du commerce de toute une nation
peuvent être mis en balance avec l'avantage local
et particulier de telle ou telle ville, et si ce n'est
pas une erreur de croire que la prospérité d'une
ville décroîtra alors que son industrie, ses fabriques, ses manufactures, constamment alimentées
par les capitaux ou par le crédit, pourront se
soutenir, s'étendre et s'agrandir ? Si le nombre
des vendeurs y diminue, celui des acheteurs aug-
mentera pour elle, voilà toute la différence ; et,

par une conséquence naturelle à cet ordre de choses, les fabriques s'y multiplieront aussi, ce qui est
bien préférable à une multitude de vendeurs, qui
ne peuvent jamais établir qu'une concurrence
diamétralement opposée aux avantages du commerce en général.

Veut-on que les villes, méconnaissant leurs
véritables intérêts, n'envoient rien à l'entrepôt
universel, et que par-là on le trouve généralement
inutile? Mais le serait-il beaucoup moins sous le
rapport de cet entrepôt *réel*, que l'on croyait
convenable de solliciter pour Paris? Non, sans
doute; car il aura toujours, comme nous l'avons
déjà dit, pour concurrents, les autres entrepôts
réels déjà établis dans différentes villes. Oui,
nous le répétons, cette faveur ne lui offrirait
qu'une bien faible ressource, et, si l'on insiste à
croire qu'elle lui sera fort avantageuse, on abonde
dans notre sens en faveur de l'entrepôt *universel*; car on avoue par-là que ce sont les capitaux
que Paris renferme qui y attireront toujours la
marchandise. Ainsi, de deux choses l'une, ou
l'entrepôt *réel* à Paris ne sera rien pour lui, ou
s'il doit être beaucoup, transformé en entrepôt
universel, il sera bien davantage. Cette conséquence doit être déterminante; et, lorsque nous
cherchons le moyen d'avantager Paris, adoptons
de préférence celui qui, en le favorisant, favorise
aussi tout le commerce de France; car c'est ce

grand intérêt-là qu'il faut toujours avoir en vue, et non pas un intérêt de prédilection ni pour Paris au préjudice de telle ou telle ville, ni pour telle ou telle ville au préjudice de Paris.

Revenons à cette autre objection relative à la rétrogradation des marchandises. Sans doute il en résultera occasionnellement, et souvent même, si l'on veut, des frais en pure perte; mais ces frais peuvent-ils entrer en comparaison avec tous ceux qui résulteraient de la stagnation plus ou moins longue de ces mêmes marchandises dans le lieu de leur origine, si elles cessaient d'y être demandées. Ces circonstances se présentent souvent, soit parce qu'on y en a trop fabriqué à la fois, soit parce qu'on y en a fait venir avec trop d'abondance ; alors les détenteurs effrayés, ou trop peu suffisamment informés des besoins qui existent dans les autres places, font des emprunts à gros intérêts, ou des sacrifices, en baissant le prix, pour vendre promptement; ou bien, autrement, ils les font refluer sur d'autres villes par la voie de ces dépôts ou consignations dont nous avons déjà parlé, et s'exposent ainsi d'eux-mêmes à cet inconvénient de rétrogradation fortuite, sur laquelle s'appuie l'objection que nous combattons.

Mais que l'on consulte le commerce sur l'importance qu'il attache à ces frais de transport rétrograde, et l'on saura bientôt qu'il les compte presque pour rien; et, en effet, quelle est la mar-

chandise qui ne pourrait pas supporter un surcroît de frais de 1 ou 2 sous par livre, qui sont le
maximum? N'avons-nous pas vu les fromages de
Hollande, qui sont peut être de toutes les marchandises celle qui a le moins de valeur, supporter jusqu'à 4 sols et plus, par livre, de frais de
transport, pour aller par terre, en temps de
guerre, d'Amsterdam à Bordeaux ou à Marseille;
ils les supportaient cependant, parce que les besoins du consommateur marchent avant tout. Ap-
pliquons, dans l'hypothèse qui nous occupe, ce
surcroît de frais à des marchandises de plus de
valeur, à des étoffes, à des denrées exotiques, et
nous verrons tout de suite de combien peu il aug-
menterait la marchandise, et que, supporté par
le consommateur, il est insensible, et en quelque
sorte nul pour lui.

Il nous serait facile de dresser ici un tableau
comparatif de ces frais portés au plus haut, en
opposition à ceux qu'occasionne une stagnation
de vente; il n'en présenterait sûrement pas le
dixième; et ce qu'il y a de pire, c'est que ces derniers sont toujours à la charge du propriétaire de
la marchandise.

Nous sommes entrés dans ces détails, pour
éclairer la religion de tout lecteur qui, ne con-
naissant pas les usages du commerce, pourrait
attacher de l'importance à ce qui n'en a réellement
aucune. Si cet écrit ne devait être lu que par des

commerçants, nous n'en aurions pas eu besoin, car d'eux-mêmes ils auraient repoussé ces frivoles objections.

Résumons, et disons que l'entrepôt universel sera un bien pour tout le commerce de France, en lui attirant celui de toutes les nations ; qu'il en sera un spécialement pour Paris et pour tous les capitalistes qui y résident, et ajoutons qu'il deviendra d'un avantage incalculable pour le gouvernement : cette dernière assertion se justifiera bientôt d'elle-même.

Sous le gouvernement de Buonaparte, il avait déjà été question d'établir un entrepôt réel à Paris ; mais le commerce ne mettait pas beaucoup de chaleur à le solliciter, ni beaucoup d'empressement pour l'obtenir. Comment, disait-il, mettre ainsi sous la main du chef de l'État, nos marchandises, nos propriétés ! Il y a du danger même à lui laisser connaître nos fortunes, combien n'y en aurait-il pas à les lui livrer ?

Ces réflexions n'étaient pas dénuées de fondement, et tout ce que nous avons vu n'a que trop démontré leur sagesse.

Mais aujourd'hui, sous le règne des BOURBONS, quel est le Français qui ne dirait pas abondamment à Louis XVIII : O mon Roi ! je mets avec confiance, sous la garde de ta loyauté, ma fortune et ma vie. Sois l'entier confident des secrets de mon existence et de celle de ma famille : bien loin d'avoir rien à redouter de toi, je sais que tu ne peux jamais en être que le protecteur, que le conservateur.

Le commerce de France n'a donc plus rien qui puisse le retenir et l'empêcher de demander le bienfait d'un *Entrepôt universel* à Paris ; toutes ses craintes sont dissipées ; et , loin d'hésiter, il va solliciter vivement lui-même ce que naguère il aurait peut-être craint d'obtenir.

Lorsque l'on parlait de cet entrepôt réel pour Paris, nous nous rappelons d'avoir entendu insinuer que ce serait une espèce de Mont-de-Piété, où l'on prêterait sur nantissement , etc., etc, avec tout l'entourage qui accompagne ces sortes d'établissements.

Ah ! loin de nous l'idée d'une semblable institution. Non , non, nous demandons un établissement grand et noble, également utile et honorable pour tous, et principalement dégagé de tous ces accessoires qui sentent l'usure et la vénalité.

C'est à des BOURBONS que nous nous adressons ; ce ne sont ici ni des dissipateurs, ni des enfants prodigues qui sollicitent un éminent bienfait ; c'est le Commerce de France qui dit au Père de la patrie : Prince aussi magnanime qu'éclairé, vous le voyez, ma ruine est projetée, et je suis prêt à périr si vous ne me secourez ; aidez-moi, secondez-moi avec cette dignité, cette sagesse, cette libéralité qui vous caractérisent; faites que je puisse renaître et vivre pour vous glorifier, pour faire circuler, comme autrefois, et plus encore qu'autrefois, les richesses et l'abondance au milieu de vos enfants. La France n'a peut-être plus d'autres ressources qu'en moi; mais, dans tous les cas, celles que je puis lui offrir ne coûteront jamais à ses habitants ni une larme, ni une goutte de sang, puisque ce n'est, vous le savez, qu'au sein de la paix qu'il m'est permis de travailler à réparer ses maux, à constituer sa gloire et sa félicité.

Si vous le pensez comme nous, Sire! Si Votre Majesté connaît tous les maux qui accablent la France, et qui menacent de l'anéantir, qu'elle dise un mot, et la France est sauvée!

L'Entrepôt universel, que nous proposons d'établir à Paris, serait donc une institution toute libérale et dégagée de toute espèce de frais. C'est la munificence royale qui, à son tour, dirait en quelque sorte au Commerce: Mon fils, je connais ta détresse, mais je connais aussi les moyens de la faire cesser, et je te les offre; saches en profiter pour le bonheur des peuples, pour celui de ton pays, et pour la gloire de ma couronne. Viens chez moi, viens y déposer avec confiance tous tes produits; je les reçois sous ma garde; et, pour cela, je ne réclame de toi aucune rétribution.

Cependant, comme je ne puis pas consacrer tout-à-fait gratuitement les trésors de l'État à ton seul avantage, nous établirons des compensations qui, sans te grever, me dédommageront de mes avances, en même temps qu'elles consolideront ton crédit.

D'abord je te déclare que je ne t'impose point l'obligation de venir chez moi, et que, lorsqu'il te conviendra d'y venir, ni moi, ni mes agents ne nous immiscerons en aucune manière dans tes opérations ; elles seront toujours tiennes, et toi seul les dirigeras toujours selon ta volonté, soit par toi-même, soit par l'entremise de tes correspondants ou commissionnaires.

Partout les produits du sol, ceux de l'industrie et les marchandises étrangères, sont asujétis à des droits ; je ne les en affranchis point : mais lorsque tu les auras déposés chez moi, j'ajournerai le paiement de mes droits jusqu'au moment où il te conviendra de retirer les objets déposés, de manière que ce qu'autrement tu serais obligé de me payer d'avance, tu seras maître de ne me le payer, en quelque sorte, qu'après l'avoir reçu.

Mais je ne borne pas là mes bienfaits ; je veux les étendre beaucoup plus loin, et concourir à ta prospérité par tous les moyens qui sont en mon pouvoir.

Dépositaire gratuit de tes marchandises, je veux en être aussi le garant, tant envers toi, par rapport aux événements de force majeure, tels que le vol domestique, les inondations, les incendies et la dévastation à main-armée, qu'envers la finance, lorsqu'elle sera venue à ton secours.

Cette garantie seule ne sera point gratuite ; mais, pour en alléger le poids autant que possible, nous prendrons toutes les précautions qui peuvent en diminuer les risques.

D'abord nous convenons qu'aucune marchandise déposée à l'Entrepôt universel que j'établirai, n'en sortira jamais qu'au préalable elle n'ait acquitté les droits qui me sont dus, et qu'ensuite elle n'ait été dégagée de toute créance dont, à ma connaissance, elle aurait été le gage, mais en observant toujours pour moi la priorité du privilége.

Ensuite, pour prévenir les pertes d'avaries ou de dépérissement auxquelles un gage mobiliaire est toujours plus ou moins exposé, nous fixerons des époques de retirement ou d'autorisation de ventes, soit publiques, soit amiables.

Enfin, pour me dédommager de toutes mes avances, et des risques de force majeure que j'assume sur moi comme ton souverain, comme réunissant et possédant la confiance de tous les Français que je représente, tu me paieras un intérêt de six pour cent par an, sur une somme que je déterminerai, et que j'affecterai à tes garanties, sans être obligé de la réaliser en nature ; et cet intérêt me rentrera au moyen d'un *quantum* pour

livre du montant des droits à fur et mesure de
leur acquittement.

RÉSUMÉ.

Dans l'hypothèse de l'établissement à Paris d'un
Entrepôt universel, fondé sur les bases que nous
venons d'indiquer très succinctement, voyons,
d'une part, où nous trouverons les moyens d'exécution, et comment nous l'organiserons; et, d'autre part, quels sont les biens, quels sont les avantages qui en résulteront.

MOYENS D'EXÉCUTION.

Un vaste local, le plus au centre de Paris et le
plus rapproché de la rivière qu'il soit possible,
n'est pas bien difficile à trouver ; et, sur les deux
rives de la Seine, depuis la barrière de Bercy jusqu'à celle de la Conférence, combien d'emplacements peuvent être consacrés à recevoir un établissement de cette importance ? C'est ici que
l'utilité publique commande réellement et légitime les ventes forcées de terrains, et les démoli-
tions de maisons particulières; enfin ce qu'on
appelle la violation du droit de propriété. Oui,
c'est ici bien plus que pour des embellissements
de palais, que pour des monuments de luxe ou
d'une vaine grandeur, que le particulier doit sans
murmurer, et même avec empressement, savoir
faire de lui-même, aux convenances de l'État, le

sacrifice de ses jouissances contre une juste in-
demnité; enfin, c'est ici peut-être uniquement
que, sur son refus, l'autorité aurait le droit de l'y
contraindre. Mais ne craignons pas d'être réduits
à la nécessité d'employer les moyens de rigueur;
les avantages immenses que l'Entrepôt universel doit procurer à la France sont trop évi-
dents, et frapperont trop les citoyens, pour être
sûr qu'il n'y aura pas un seul Français qui ne
s'empresse de concourir à l'exécution de cet établissement.

Les capitaux nécessaires pour les constructions
ne manqueront pas plus que les emplacements,
et ils se trouveront, sans être obligé de sortir un
denier des coffres du gouvernement. L'intérêt à
six pour cent, qui lui sera payé sur la somme
qu'il affecte, sans la débourser, pour la garantie
du gage mobiliaire, assure d'avance à tous les capitalistes du royaume la rentrée des fonds qu'ils
verseraient à mesure que les constructions et les
achats de terrain en réclameraient, si d'ailleurs
le produit des droits à percevoir ne les assurait
pas bien éminemment. Et n'avons-nous pas
l'exemple récent de cette *Bourse* que l'on édifie
maintenant dans la capitale, et pour laquelle on
a bien su trouver les capitaux nécessaires; ce mo-
nument pourtant n'est que secondaire, en comparaison de celui dont il s'agit ici; et, en effet, à
quoi servira-t-il, si Paris n'a plus de commerce,

3..

et si le commerce de la France, abandonné et sans secours, est lui-même réduit à l'inaction? Allons, allons, si les fonds n'ont point manqué pour la construction de la Bourse, ils ne manqueront pas pour celle d'un édifice qui seul peut la rendre utile à quelque chose. Et enfin a-t-on jamais renoncé à asseoir des impôts, à établir des droits, par la seule raison qu'il fallait construire des bâtiments ou des douanes pour les y percevoir?

ORGANISATION.

L'organisation intérieure de l'Entrepôt universel se réduit à de vastes magasins tant au-dessous qu'au-dessus du sol.

A des espèces de cloisons mouvantes, pour séparer les sortes aussi bien que les propriétés.

A des bureaux d'enregistrement pour l'entrée comme pour la sortie.

A une surveillance rigoureuse et perpétuelle exercée par des magasiniers responsables, contre la fraude, la conversion des espèces et des sortes, contre les échanges coupables ou substitution de marchandises, contre leur dépérissement et les avaries dont elles sont plus ou moins susceptibles.

Enfin, à des réglements administratifs qui, outre la police intérieure et la fixation des emplois, auraient pour base quelques points capitaux, tels que ceux-ci.

Tout propriétaire de marchandise quelconque

peut s'y présenter lui-même , ou par le ministère
de son correspondant ou de son commissionnaire,
soit pour y effectuer le dépôt , soit pour y faire
la vente ou le retirement , et cela de la manière
dont cela se pratique dans les entrepôts réels de
France, et dans les entrepôts privés du commerce.

Tout capitaliste qui aura prêté ou ses fonds ou
sa signature au commerce , sera admis à en faire
la déclaration justificative, et à prendre acte sur
des registres spéciaux, en désignant les marchandises sur lesquelles il aura fait des avances, et qui
servent de gage à son remboursement.

Toutes marchandises dont le dépérissement ,
les avaries , le passage de mode, la défectuosité ,
ou la mauvaise qualité auront été constatés par
experts attachés à l'entrepôt, assermentés et responsables, seront retirées par le propriétaire , ou
vendues immédiatement soit publiquement, soit à
l'amiable.

Il en sera de même de celles qui servent de
gage à des emprunts, lorsqu'à l'échéance des engagements contractés , ces engagements n'auront
point été acquittés ou renouvelés.

Toutes fois, et dans tous les cas , en observant
les formalités prescrites par les lois et les usages
du commerce.

Hors ces cas. elles pourront rester à l'entrepôt
indéfiniment , et tant qu'il conviendra aux parties.
de les y laisser.

Tous les jours, excepté les dimanches et les fêtes, et à des heures convenablement fixées, tout propriétaire aura la faculté de voir et de visiter sa marchandise, soit par lui-même, soit par ses commis ou mandataires, et il pourra prendre des échantillons de celles dont on peut en tirer sans inconvénient. A cet effet, tous les préposés, gens de peine, ou ce qu'on appelle *forts* de l'entrepôt, seront toujours à ses ordres, et tenus d'obéir à toutes ses réquisitions ; l'entrepôt ayant pour objet de favoriser le commerce, l'administration entend ne le gêner en rien, et veut qu'il puisse y agir comme il ferait chez lui.

Des tonneliers, layetiers, emballeurs, autorisés et choisis par l'administration, auront seuls le droit d'exercer leurs fonctions et leurs travaux dans l'entrepôt ; mais, pour prévenir de leur part toute espèce d'arbitraire, il sera dressé un tarif des prix de leur main-d'œuvre et de leurs fournitures, établi d'après les règles et usages du commerce, et même de concert avec lui.

Il ne sera payé par le commerce aucun frais de garde, de surveillance, de mouvement ou arrangement des marchandises, non plus que de magasinage.

Aucune marchandise ne pourra sortir de l'entrepôt, qu'elle n'ait préalablement acquitté les droits dont elle sera chargée, et encore le *quantum* pour livre de leur montant, qui est le prix de garantie des risques de force majeure dont le commerce sera toujours préservé : ces droits et ce *quantum* exerceront toujours un premier privilége sur la marchandise.

Elle ne pourra non plus sortir de l'entrepôt qu'après avoir justifié qu'elle est dégagée des emprunts auxquels elle aura servi de gage, et dont les prêteurs auront informé l'administration, ou dont ils l'auront instruite par des oppositions légales.

DES AVANTAGES

Qui résulteront d'un Entrepôt universel établi à Paris.

Pour Paris ,
Pour le commerce général de la France,
Pour le gouvernement français ,
Pour toutes les nations commerçantes.

POUR PARIS.

Paris, cette capitale du premier ordre, brillante par les sciences, les lettres, les arts; par l'excellence du goût et de la civilisation ; par ses temples, ses théâtres, ses palais, ses monuments; mais à qui tous ces avantages ne peuvent plus suffire, va bientôt, sans rien perdre de cet aspect de grandeur et de magnificence qu'elle présente à tout le monde, lui offrir encore celui de la première, comme de la plus grande ville de commerce de l'Europe.

L'Entrepôt universel qu'elle renfermera, en y faisant arriver de toutes parts tous les produits du sol et de l'industrie, tant nationaux qu'étrangers, y attirera sans cesse le commerce, certain d'y trouver rassemblés , et par grands assortiments, non

seulement toutes les marchandises et denrées objets de ses spéculations, mais encore tout ce que
la France possède ou crée d'utile, de nécessaire,
d'agréable et d'avantageux. Ce ne seront plus seulement des grands seigneurs, d'illustres savants,
des curieux naturalistes qui viendront la visiter,
ce sera journellement une nombreuse et perpétuelle population de commerçants des quatre parties du monde, qui viendra y apporter en masse
tous ses produits, auxquels elle sera sûre d'ouvrir
ainsi un débouché aussi constant que considéra-
ble. Paris va devenir le *grand-bazar*, le *Grand-
Caire*, le *marché* unique et universel, la *grande
foire* de l'Europe; il n'est pas difficile de prévoir,
et l'on pourrait même assurer, que sa situation,
sa température, l'aménité de ses habitants, toutes
les sortes d'agréments qu'il renferme et présente,
unis au grand rassemblement de tous les objets
d'arts, de luxe ou de nécessité recherchés par
les hommes, et à eux offerts à des prix tels que
nulle part ailleurs ils ne pourraient les obtenir,
y amèneront constamment, et de préférence, tous
les acheteurs et tous les vendeurs du monde. Ce
n'est ni *Londres*, ni *Amsterdam*, ni *Cadix*, ni
Hambourg, ni *Berlin*, ni *Vienne*, ni *Pétersbourg*,
qui pourraient, malgré toute leur prospérité commerciale, le disputer à Paris, et offrir comme lui
à l'univers cette généralité de convenances et
d'avantages qu'il possède, et dont ils ne réuni-

raient pas la dixième partie. Non, il n'y a que *Paris*, il n'y a que *Paris*, nous le répétons, qui puisse devenir, s'il le veut, le centre du commerce de l'univers.

Voyez-vous cette immense cité toujours peuplée d'un grand nombre d'étrangers qui, se renouvelant sans cesse, sans cesse y entretient l'activité et l'abondance; y voyez-vous tous les artistes, tous les artisans, tous les journaliers, perpétuellement occupés, gagner chaque jour le prix de leur talent, de leur industrie, de leurs peines; les voyez-vous porter joyeusement à l'État une portion de leurs profits, et bénir le monarque, en acquittant des impôts qu'il saura diminuer à mesure qu'il pourra les répartir sur un plus grand nombre dans tout son royaume et dans sa véritablement bonne ville de Paris, bâtie et située, pour ainsi dire, exprès pour être ce que nous vous proposons de la faire devenir ?

Tout cela, n'en doutez pas, sera le fruit de l'Entrepôt universel, et nous croyons pouvoir assurer que s'il avait un côté désavantageux, ce ne serait que pour les nations rivales auxquelles il pourra enlever un grand commerce, et qui d'abord refuseront peut-être de venir s'y approvisionner, mais qu'il dépendra toujours de nous de contraindre à s'y rendre, si nous savons les y attirer par leur intérêt, c'est-à-dire, par la perfection et le bon marché de nos marchandises.

POUR LE COMMERCE GÉNÉRAL DE LA FRANCE.

L'économie des frais que l'entrepôt universel procurera à tout le commerce de France, est déjà un grand avantage pour lui et un grand acheminement vers ce bon marché qui doit lui mériter la préférence de l'étranger; mais c'est peut-être le moindre de tous les avantages qu'il en retirera.

La garantie du gage contenu dans l'entrepôt, et la solidarité du gouvernement relative aux événements de force majeure, vont faire refluer vers le commerce tous les capitaux : plus de doutes, plus d'incertitudes pour ceux-ci. Assis désormais sur l'existence impérissable des choses, ils n'auront plus à compenser, par le *taux* élevé de l'intérêt, les chances de l'insolvabilité ou de la mauvaise foi des emprunteurs.

L'agriculture et les arts, que la finance ne trouvera plus de dangers à secourir, vont fleurir de toutes parts, et fournir au commerce un aliment continuel et inépuisable. Désormais, l'argent à la main, ou muni d'une signature partout vénérée, partout le commerçant achètera avec économie, et revendra de même, parce qu'il sera aussi tranquille sur la solvabilité de ses acheteurs, que ses vendeurs l'auront été sur la sienne : ainsi la masse des opérations commerciales se décuplera, se centuplera dans toutes les villes du royaume, et le légitime bénéfice du négociant, réparti sur un

plus grand nombre de spéculations , ne grévera
plus spécialement celle que naguère il aurait faite
isolément , et ne viendra plus appauvrir d'autant
le consommateur.

Mais un des grands bienfaits de cet ordre de
choses , c'est la richesse nationale multipliée à
l'infini par l'émission de signatures qui , toujours
appuyées sur un gage certain, circuleront à l'égal
des valeurs les plus réelles : c'est le crédit du
commerce de France étendu et affermi dans l'in-
térieur et chez l'étranger , où son papier sera
constamment recherché ; c'est enfin , et celui-là
ne sera pas le moindre, les mots *faillite* et *ban-
queroute* , effacés peut-être pour jamais du Code
de commerce.

Contemplez, ah ! contemplez avec nous cette
belle France , animée d'un même esprit , réunissant tous ses moyens, et les dirigeant vers un
même but, celui de la prospérité du commerce!
Voyez nos campagnes couvertes de cultivateurs
qui, à l'envi, tourmentent, fatiguent la terre, et
la forcent à améliorer ses produits , ou à leur en
donner de nouveaux ! Voyez ces villes populeuses
où l'industrie, encouragée et soutenue, s'occupe
à perfectionner ses manufactures et à en élever
de nouvelles ! Voyez le commerce s'emparer partout et avec empressement de tous les produits ,
peupler continuellement nos belles routes de
charrois et de voyageurs qui vont ouvrir des

débouchés à nos marchandises, et les offrir à tous les consommateurs de l'univers ! Voyez enfin tous les peuples de l'Europe, vêtus, parés, nourris des productions de la France, auxquelles le bon goût, la perfection, l'utilité et l'économie, leur auront fait donner la préférence !

POUR LE GOUVERNEMENT.

Sans décrire les avantages qui résulteront pour le gouvernement de l'établissement d'un Entrepôt universel, nous les avons déjà annoncés en masse, est-il besoin de les spécifier, et tout le monde n'aperçoit-il pas d'abord combien ils seront grands et importants ?

Sans compter que dans tous les pays la prospérité du commerce constitue celle de l'État, qui ne voit que, par le moyen que nous proposons, les droits auxquels sont assujéties toutes les marchandises ne peuvent plus échapper au fisc ; qu'amenées d'elles-mêmes dans l'entrepôt par les avantages qu'elles y trouveront, il n'aura plus besoin de les faire suivre à la trace et à grands frais ; que la surveillance dans un seul et même lieu où elles seront rassemblées, en même temps qu'elle sera plus facile et moins dispendieuse, l'affranchira aussi de la nécessité d'entretenir ces armées de douaniers qui, fidèles à remplir leurs devoirs, gênent et entravent le commerce ; ou qui, séduites et corrompues, favorisent elles-mêmes la fraude au grand détriment du trésor et à la ruine du loyal négociant ?

Qui ne voit l'habitant du Nord, comme celui du Midi, franchissant l'intervalle qui les sépare, placer ainsi, et à la faveur d'un point *medium*, plus à leur mutuelle portée, leurs productions, leurs marchandises, et, sans se grever eux-mêmes, payer au gouvernement français un tribut qui l'enrichira ?

Qui ne voit que les terres, améliorées et augmentées de valeur, favoriseront les ventes, multiplieront les droits de mutations, et accroîtront en proportion les revenus de l'État ?

Qui ne voit que, dans les soins et les travaux d'un grand commerce, tous les esprits, toutes les imaginations, captivés par un intérêt qui se rattache à celui du gouvernement, n'auront plus qu'une même pensée, celle de la paix et de la tranquillité si nécessaires à leurs succès ; que les mœurs adoucies et corrigées, par les rapports affectueux et les aimables relations qui existent et se perpétuent entre les négociants, donneront insensiblement aux Français un nouvel esprit national plus généralement porté vers le bien public, et vers ce qu'on appelle le véritable amour de la patrie ?

Qui ne voit encore que l'agriculture, que l'active industrie, protégées et soutenues, en multipliant des produits sur lesquels viendront s'as-

seoir à tout moment divers impôts réguliers et légitimes, augmenteront d'une manière incalculable les revenus de l'État ?

Mais ce qu'on n'aperçoit peut-être pas encore,
et que nous croyons devoir indiquer, c'est le produit de l'intérêt des capitaux affectés à la garantie
mobiliaire, qui, après avoir couvert les dépenses
de construction et d'établissement, après avoir
pourvu annuellement à ceux d'administration et
aux pertes éventuelles de force majeure, laissera
dans les mains du Prince l'heureuse faculté de
répartir des secours et des dédommagements à
tous ces malheureux émigrés auxquels on ne
pourrait rien restituer aujourd'hui, sans causer
des maux mille fois plus grands que tous ceux
que nous avons soufferts.

Que de biens vont résulter de cet enchaînement
de prospérités, de cette activité, de cet agrandis-
sement d'industrie et de commerce ! Les trésors
de l'État enrichis par la fécondité des produits, et
encore par les cotisations spontanées de l'étranger, vont affermir le crédit du gouvernement,
consolider la dette publique, détruire l'agiotage,
et fournir au Roi les précieux moyens de soulager
ses peuples ; ils lui fourniront aussi ceux d'ap-
puyer, sur des bases solides, les traités, les al-
liances qu'il voudra faire avec les autres puissances : celles-ci, enchaînées par leur propre intérêt, n'auront plus de raison pour troubler l'état

(48)

de paix, qui va désormais subsister entre toutes les nations. Béni par elles toutes, comme par son peuple, le Monarque qui règne sur la France, grand par ses richesses, grand par ses bienfaits, grand par sa justice et par sa sagesse, sera de fait le vrai Monarque du monde.

O Fénélon ! ô respectable instituteur des rois ! il semblerait que nous venons d'écrire sous ta dictée les discours du sage Mentor au vertueux Idoménée. Privés de ta sainte et touchante éloquence, nous n'avons pu leur donner cette force persuasive qui entraîne et subjugue ; mais le Prince auguste à qui nous nous adressons était si bien fait pour nous inspirer tes sentiments, qu'il était impossible qu'au moins nos pensées ne se trouvassent pas toujours en parfaite harmonie avec les tiennes.

POUR TOUTES LES NATIONS.

De même que la France n'a pas pu éprouver de grandes commotions, sans que les autres nations s'en soient plus ou moins ressenties, de même son bonheur et sa prospérité ne peuvent manquer de s'étendre jusqu'à elles.

De quoi, en effet, se compose le bonheur et la prospérité des nations, si ce n'est de leurs rapports et de leurs relations respectives ? Et combien serait réellement malheureuse celle qui, réduite à elle-même, vivrait isolée et séparée de la grande famille ? Ce n'est que par des échanges continuels

de services et de bienfaits , qu'elles peuvent prospérer et se soutenir mutuellement.

L'on n'a peut-être pas assez senti cette vérité,
lorsque l'on a cru sage d'imposer dernièrement à
la France des conditions excessivement rigou-
reuses ; ou peut-être a-t-on pensé que par-là on
l'amènerait à des efforts qui tourneraient à l'avantage de tous. Les puissances alliées n'ignorent pas
combien le sol de la France est fertile, et combien
son industrie est susceptible de recevoir de grands
accroissements, lorsque son gouvernement voudra sérieusement l'encourager et la protéger ; et
elles auront dit: forçons ce même peuple, qui vient
de nous étonner par ses exploits, à nous étonner
encore par ses travaux : l'univers y gagnera , et
nous recueillerons notre part des biens que cette
terre promise recèle encore.

Cette supposition pour nous est la plus probable
de toutes ; car il n'est pas possible de se persuader
que des gouvernements sages et éclairés aient pu
vouloir sérieusement la perte et l'anéantissement
d'une nation telle que la France : non , non , ils y
perdraient trop eux-mêmes, et notre existence,
notre conservation , notre bonheur, importent
aussi à leur félicité.

Eh bien ! ne trompons point leur attente ; et ,
puisqu'ils ont su deviner notre énergie, sachons
la justifier, et les étonner encore par nos ressources , et surtout par notre sagesse.

Entrepôt.

4

Que les grandes mesures que nous allons prendre, leur prouvent que si la France fut le berceau
où prirent naissance toutes les calamités qui les
ont assaillis, elle peut aussi devenir le foyer d'où
jailliront tous les biens, toutes les prospérités.

Travaillons à notre bonheur, en contribuant
à celui de la grande famille de l'Europe civilisée;
que ce soit là désormais notre ambition, et que
cette ambition sache se maintenir dans les justes
bornes que nous prescrivent la nature, notre situation, et les droits ou la vocation des autres
peuples.

Agricole et manufacturière, voilà la nôtre aujourd'hui! Contents de notre partage, sachons
exploiter les biens que la nature nous a départis ;
si nous voulons nous y adonner aussi généralement qu'ils le demandent, nous n'aurons plus
besoin d'empiéter sur ceux qu'elle semble avoir
accordés plus spécialement à d'autres; et, en re-
tour de cette juste modération, nous obtiendrons,
on n'en saurait douter, une semblable réserve de
la part des autres peuples; leur propre intérêt
d'ailleurs suffit pour nous le persuader; car au-
cuns ne pourront jamais rivaliser avec nous dans
les choses qui nous sont propres, quand nous voudrons sérieusement nous y livrer.

Oui, que toutes les industries soient appropriées
au sol, aux climats, aux températures, à la population, aux situations topographiques, aux

mœurs, aux caractères des différentes nations,
et le *cuique suum* sera respecté ; et chaque nation
aura, dans sa partie, la prépondérance que la nature lui a destinée ; et les liens de la civilisation et
de l'intérêt réciproque maintiendront entre elles
l'harmonie et la bonne intelligence ; et la paix du
monde ne sera plus troublée.

Voilà, n'en doutez pas, les avantages qui résulteront, pour toutes les nations, de l'établissement
de cet Entrepôt universel que nous proposons.

Mais, en l'adoptant, songeons qu'il faut que la
loyauté, que la bonne-foi remplacent partout la
ruse, la finesse, les arrières pensées, qu'une per-
versité de plus de vingt ans a introduites parmi
nous. Que cette avidité de gain et d'intérêts usuraires, qui nous a si souvent lancés témérairement
sur la mer orageuse des risques, et a si souvent
trompé notre espérance, disparaisse pour jamais,
et fasse place à des gains modérés, mais sûrs ;
mais, pour ainsi dire, invariables, tant qu'ils seront mesurés sur les forces de l'industrie et du
commerce.

Candeur et probité d'une part, confiance et
crédit de l'autre, et le commerce prépondérant
de la France rendra pour jamais à celle-ci son
ancien lustre, et deviendra à juste titre son sauveur et le réparateur de ses maux.

————————

4..

AVANTAGES

POUR LA FRANCE

De l'admission chez elle des produits de l'industrie étrangère.

En proposant l'établissement à Paris d'un *Entrepôt universel*, nous en avons exposé tous les avantages, et l'on a vu que, loin d'en exclure les productions de l'industrie étrangère, nous voulions au contraire les y attirer. Nos motifs, en cela, ne se bornent pas aux succès de l'entrepôt de Paris, ils embrassent aussi ceux du commerce de toute la France : c'est ce que nous espérons démontrer, en indiquant un moyen de les obtenir.

Nous croyons déjà entendre les fabricants, les manufacturiers de France, se récrier contre notre proposition, et s'effrayer de la concurrence désastreuse, pour eux, qui en résulterait si elle était acceptée ; nous les voyons s'opposer de toute leur force à l'admission des produits de l'industrie étrangère, et représenter que leurs bras vont se trouver oisifs, que leurs ateliers vont se trouver fermés, comme ils le furent dans le temps par l'effet du traité de commerce avec l'Angleterre.

Ils seraient bien dans l'erreur ceux qui pourraient nous supposer l'intention de nuire à l'existence et à la prospérité de nos manufactures, alors que toute notre sollicitude, au contraire, est en leur faveur. Français comme eux, ils ne doivent pas imaginer que nous préférions des intérêts étrangers aux nôtres. Tout ce qu'il leur serait permis de dire, c'est que nous nous tromperions ; mais alors ils devraient le démontrer, et, pour cela, il faudrait qu'ils eussent comme nous approfondi la question, et qu'ils l'eussent envisagée sous toutes les faces.

Eh bien ! nous allons leur donner cette satisfaction, et entrer avec eux dans cet intéressant examen ; seulement nous y mettons pour condition que, comme nous, ils y entreront de bonne foi, sans prévention, sans esprit de parti, et sans autre intérêt que le véritable intérêt de notre pays.

Peut-on disconvenir que sans ce traité de commerce, contre lequel on a tant crié, et contre lequel on récrimine aujourd'hui, nous serions encore réduits à faire filer nos cotons à la quenouille et par les mains des enfants et des vieillards de nos campagnes ? Peut-on nier que c'est à lui que nous sommes redevables de ces mécaniques, de ces grandes filatures qui ont si puis-

samment favorisé notre industrie manufacturière ?
Non, et il faut reconnaître que c'est encore grâce
à lui que nous sommes parvenus à rivaliser les
Anglais, non seulement dans la fabrication des
étoffes de coton, mais aussi dans tant d'autres
branches d'industrie, telles que les Cristaux, les
Plaqués, les Tôles vernies, les Aciers polis, les
Cuirs préparés, les Terres-de-pipe, etc., etc.,
dont, sans ce traité qui les admettaient, nous
ignorerions peut-être encore l'existence. Ah ! si
quelqu'un a dû souffrir des effets du traité de
commerce, c'est bien plutôt l'Angleterre. Aveu-
glée par les avantages du moment, elle n'a re-
cueilli que ceux-là ; et nous, nous, au contraire,
nous en conservons d'impérissables. Oui, ce traité
si douloureux, si affligeant dans son principe
pour la France, a été le provocateur de son industrie, et, par cela seul, est devenu pour elle un
grand bienfait.

Il est donc évident que c'est par suite de l'admission chez nous des produits de l'industrie
étrangère, que la nôtre a pris un si bel essor, et
il n'est pas douteux que cet essor eût été encore
plus grand, s'il ne se fût trouvé arrêté par la ces-
sation même du traité de commerce ; car la
même cause eût immanquablement continué de
produire les mêmes effets. Forts de l'expérience
que nous avons acquise, sachons nous exposer,
s'il le faut, à quelques inconvénients passagers,

pour obtenir ensuite des avantages encore plus grands.

Il s'en faut que notre position actuelle ressemble à celle d'alors. Elle est aujourd'hui bien plus menaçante; nous sortons d'une révolution et d'une guerre qui, depuis plus de vingt ans, ont terriblement épuisé nos forces, et nous voilà prêts à succomber sous le poids d'énormes, mais légitimes sacrifices. Jamais les plus grands efforts ne nous furent plus impérieusement commandés.

Si, malgré l'expérience du passé, l'admission des produits de l'industrie étrangère paraît encore à beaucoup de personnes impliquer contradiction avec le besoin de favoriser notre industrie et de protéger le commerce de la France; au lieu de les gourmander, comme on le fait souvent envers des antagonistes, sur ce qu'on appelle leur ignorance, nous chercherons à les éclairer sur ce que nous appellerons leur erreur; et, nous unissant à eux de bonne foi, nous étudierons ensemble la nature des maux que cette admission a pu causer autrefois, et ceux qu'on craint qu'elle pourrait produire encore aujourd'hui, afin de les apprécier à leur juste valeur.

Avant tout, il est nécessaire de nous mettre d'accord sur deux points que voici :

L'un est, que la prospérité du commerce d'un pays est indépendante de la prospérité de son industrie manufacturière, parce que le commerce s'alimente aussi bien de ce qui est au-dehors que de ce qui est au-dedans, et qu'il peut très bien fleurir sans avoir sous sa main aucune industrie de fabrication ; pour le prouver, nous citerons la Hollande. A coup sûr, on ne prétendra pas que ce soit ni son industrie manufacturière, ni même les productions de son sol, qui en ont fait, dans l'origine et pendant long-temps, une des premières nations commerçantes du monde. Nous devons donc convenir que le commerce de France pourrait toujours prospérer, si on le voulait, encore bien que son industrie manufacturière serait languissante ; mais, reconnaissant aussi qu'elle est pour lui un accessoire de la plus haute importance, loin de la négliger, nous devons l'encourager et la soutenir de toutes nos forces, sans cependant en faire l'objet principal et unique de notre sollicitude.

L'autre point, c'est que le bien de tous doit toujours l'emporter sur le bien particulier, même sur celui de plusieurs, lorsque ceux-ci ne forment que minorité.

D'accord sur le premier point. Mais sur le second, nous entendons déjà s'écrier : bah ! le bien de tous est idéal et chimérique, et celui de plusieurs est réel et positif : l'un est dans un avenir incertain, l'autre est immédiat et se ressent positivement.

Pardon, Messieurs, pardon ; point d'emporte-

ments, point d'exagérations surtout ; rappelez-
vous nos conditions. Vous êtes Français, vous
êtes vifs, on vous accuse d'être légers et superfi-
ciels, mais les maux qui vous ont frappés vous
disent qu'il est temps de penser et de réfléchir;
allons, prouvez à l'univers que vous en êtes
capables ?

Nous répétons notre question. Ah ! bon, vous
voilà raisonnables, et, d'accord avec tous les
peuples civilisés, vous admettez aussi en principe
que le bien de tous doit l'emporter sur le bien du
plus petit nombre.

Dans quel état était notre industrie manufacturière, à l'époque de ce fameux traité qui,
selon vous, a fait tant de mal à la France ? Il faut
être ici de bonne foi, et convenir que notre industrie était nulle, en comparaison de celle de
nos voisins, et surtout dans les articles dont ce
traité permettait l'admission chez nous. Si quelques manufactures en ont souffert, si beaucoup
de manufactures ont été renversées, beaucoup de
manufactures représentent-elles donc toute la
France ? Et, d'un autre côté, prétendez-vous
compter pour rien l'universalité des consommateurs qui y a gagné, et le commerce qui, dans
cette circonstance, eut tant d'activité ? Vous rappelez-vous avec quel empressement vous couriez
dans ses magasins lui demander à vous vêtir de
ces belles, de ces excellentes étoffes, si durables

et à si bon marché ? Vous rappelez-vous comme quoi vous avez promptement remplacé sur vos tables ces grossières et lourdes faïences brunes par cette terre de pipe si légère, si agréable, et d'un prix si modique ? Vous rappelez-vous toutes les autres jouissances qui en sont résultées pour vous ? Jouissances qui vous sont restées, et que votre industrie a su vous conserver. Oui, il faut malgré vous vous en souvenir, et reconnaître que vous et le commerce formiez une bien respectable majorité, en opposition à ces manufactures qui souffraient de vos jouissances; que si quelques-uns ont perdu, le plus grand nombre a gagné, et que, d'après le principe reconnu, il n'y avait rien là que de juste.

Après vous avoir énuméré les biens que vous en avez recueillis et qui vous restent encore, nous voulons être les premiers à vous rappeler nous-mêmes et avec sincérité, les maux qui en sont résultés, afin de vous mettre à portée de juger si on ne vous les a jamais exagérés.

Un grand nombre de manufactures ont souffert par l'admission en France des tissus étrangers; celles de Lyon notamment, dont les étoffes de soie se sont trouvées tout-à-coup remplacées par celles de coton, sont tombées momentanément dans une grande stagnation; un grand nombre d'ouvriers, qui gagnaient leur vie et soutenaient leurs familles en travaillant dans ces manufactures, ont été sans travail et sans pain, et l'on pouvait entendre leurs gémissements ; mais on vous aurait trompés, si l'on vous avait dit que ces maux ont été de longue durée ; persuadez-vous bien qu'aucun de ces fabricants, de ces ouvriers ne sont morts de faim ; que tous, au contraire, oui, tous, et nous n'en saurions douter, ont bien vite tourné leurs bras, leur industrie, leurs capitaux vers d'autres travaux, d'autres objets, d'autres entreprises, et que tous aussi sont bientôt venus partager ces avantages, ces économies que ces mêmes tissus, qui les avaient ruinés, nous apportaient.

Une grande vérité que nous aimons à dire, c'est que, pour la France, il n'y a de véritablement dangereux à tolérer que l'oisiveté ; il n'y a qu'elle qui puisse causer des maux réels ; bannissez-la, mais introduisez et admettez tout le reste, et l'activité et le génie français vous en auront bientôt rendu bon compte. Eh ! n'est-ce pas précisément ce qu'ils ont fait à la suite du traité de commerce ; et croyez-vous que l'Anglais, qui le voit aujourd'hui, soit encore à s'en repentir ? Ah ! ce peuple penseur l'a été beaucoup moins dans cette circonstance que nos ministres, que nos politiques d'alors.

Ne nous alarmons donc pas si vite de l'admission des produits de l'industrie étrangère ; qu'on nous en montre seulement, disent toujours les

Français, qu'on nous apporte surtout de nouvelles étoffes, et encore de celles qui indiquent de nouvelles mécaniques, de nouveaux procédés, et vous verrez si nous ne les aurons pas bientôt imités et surpassés comme nous avons déjà fait ; et si, toujours chez nous, les mêmes causes ne produiront pas les mêmes effets.

Mais lorsque nous prêchons en faveur de cette admission, il s'en faut que nous demandions qu'on l'accorde sans prudence et sans précaution ; bien au contraire, et si l'on se rappelle notre proposition d'un *Entrepôt universel*, on doit se rappeler aussi que nous avons recommandé, avant tout, protection, secours et encouragement pour notre industrie agricole et manufacturière ; nous les recommandons encore, et c'est autant dans l'hypothèse qu'on les accordera, que dans celle des conditions qu'on imposera à l'admission des produits de l'industrie étrangère, que nous prétendons y trouver le vrai moyen de favoriser la nôtre, sans mettre à contribution notre gouvernement, et l'on verra bientôt si ce moyen doit être efficace.

Le système d'exclusion totale ne produit pas un denier au gouvernement, et s'il est favorable à quelqu'un, ce ne peut être qu'aux fraudeurs qu'il encourage et invite, en leur offrant un appât ; les risques de saisie et toutes les autres peines disparaissent devant cet appât, seulement ils

déterminent à le partager avec les personnes pré-
posées elles-mêmes pour repousser cette amorce ;
ainsi la prohibition a encore l'inconvénient de
provoquer la corruption et de l'alimenter ; celle-ci
s'établit, s'organise, et détruit bientôt tout ce
que la prudence a cru sage d'instituer.

Cette vérité a été dite et redite cent fois, mille
fois ; elle a été tant répétée qu'on en est fatigué,
et qu'elle est devenue un lieu-commun dont on
n'ose presque plus se servir ; et nous ne concevons
pas comment il est possible qu'elle n'ait jamais pré-
valu, et qu'elle n'ait jamais tué, une bonne fois,
ce système ruineux et impolitique des prohibitions. Ah ! si fait, nous le concevons ; de tous les
temps les phraseurs sont venus avec leurs subti-
lités, leurs sophismes, leurs *ergo*, embrouiller,
obscurcir, envelopper la vérité, et n'ont jamais
tué qu'elle.

« Comment, disaient-ils souvent, et comment,
» sauf respect, disaient aussi quelquefois nos
» législateurs (car nous les avons entendus op-
» poser cet argument contre la liberté du com-
» merce), les autres nations, les Anglais eux-
» mêmes, qui entendent si bien les intérêts du
» commerce, ont pourtant adopté le système des
» prohibitions, et aucun des produits de notre
» industrie ne sont admis chez eux : puisque
» cette mesure est sage pour eux, elle doit l'être
» aussi pour nous. »

Belle conclusion ! Oui, sans doute, ils les re-
poussent, et ils font très bien ; et nous, si nous
voulons bien faire aussi, et bien entendre les
intérêts de notre commerce, nous ferons précisément tout le contraire.

Lorsque l'on veut se conduire et agir par imi-
tation, il faut bien examiner le modèle que l'on
veut suivre. A quel titre, par exemple, et sous le
rapport qui nous occupe, l'Angleterre pourrait-
elle être le nôtre ? Quelle différence n'existe-t-il
pas entre son étendue, sa population, son climat,
son caractère et les nôtres ? Où est chez nous cet
esprit national qui seconde la prohibition et ne la
neutralise pas ? Le sien, au contraire, n'a pas
même besoin de loi pour repousser nos marchandises ; et lorsqu'elle les refuse, c'est parce qu'elle
en redoute le bon marché, naturel, véritable et
non caché sous une prime d'exportation, et encore parce qu'elle n'a pas comme nous des millions de mains industrieuses, prêtes à les imiter,
à les surpasser.

Que nos soieries, que nos draps, que nos toiles
de lin y soient admis, et voilà un grand nombre
d'ouvriers réduits chez elle à l'oisiveté, car l'eten-
due du sol n'y offre pas perpétuellement, comme
chez nous, de vastes champs à exploiter ; et qui
ne sait d'ailleurs combien les dépenses de la vie
sont élevées en Angleterre, en comparaison des
nôtres ; la différence est peut-être du triple en

notre faveur. Sachons donc sentir le prix de cette différence , et apercevoir que , déjà , et sans les ressources de notre génie , elle nous assure dans la concurrence un avantage de plus de moitié sur cette rivale.

C'est donc à faux qu'on s'est appuyé sur l'exemple des autres nations , et particulièrement sur celui de l'Angleterre , pour adopter le système des prohibitions ; et si l'on croit, qu'en fait d'industrie manufacturière, nos voisins les Anglais sont , comme cela est vrai , nos plus redoutables concurrents, du moment qu'on sera convaincu que nous ne devons pas les craindre, on le sera aussi , que les autres nations ne peuvent nous nuire dans l'hypothèse de la liberté du commerce.

Liberté du commerce ! Entendons bien ce mot, et ne lui donnons pas plus d'extension que la prudence , que de sages combinaisons ne le permettent ; tenons-nous également éloignés des deux extrêmes, et , parce que nous pensons que le système prohibitif en est un, n'allons pas tomber dans celui opposé.

Les Anglais savent très bien que notre industrie manufacturière est capable de tout , et qu'à l'aide du bon marché de notre main-d'œuvre , résultat naturel de l'étendue et de la fertilité de notre sol, nous pourrions anéantir la leur , surtout , si les matières premières étaient également à notre disposition ; pour se garantir de ce danger , ils font donc très sagement de s'emparer autant qu'ils le peuvent, et au moyen de leur prépondérance maritime, de toutes ces matières premières, et de les frapper, soit à leur source, soit dans leur transport, d'un droit qui, selon eux, doit rétablir l'équilibre, ou tout au moins balancer le bas prix de notre main-d'œuvre ; et ils font d'autant mieux que leur existence y est attachée. Cela est si vrai, que, si jamais nous étions égaux aux Anglais sur les mers, et qu'avec nos productions et notre industrie, nous eussions encore aussi facilement qu'eux les matières premières exotiques, c'en serait fait de l'Angleterre, et il faudrait la rayer de la carte.

Pouvons-nous sagement et équitablement prétendre à l'anéantissement d'une grande et industrieuse nation que nous pouvons forcer à devenir notre amie ? Non ; mais ce que nous pouvons vouloir, sans blesser la morale et sans porter atteinte aux droits de cette étonnante nation, c'est de l'amener à un juste partage des biens que la nature a répartis entre nous.

Que l'Anglais se dévoue, ainsi que la nature le lui indique, à être essentiellement navigateur et au grand commerce d'outre-mer, mais qu'il ne prétende point disputer encore avec nous d'industrie agricole et manufacturière, car c'est là notre lot, et c'est précisément parce que tel est notre lot, que nous saurons l'y contraindre quand nous le voudrons.

L'y contraindre! Ce mot étonne, et l'on se demande comment nous pourrions nous y prendre? Eh! mon Dieu! la chose est bien simple, et nous allons montrer combien elle est facile.

Nous venons de dire que, pour compenser le bon marché de notre main-l'œuvre, les Anglais frappaient d'un droit quelconque les matières premières que nous recevons par la voie de mer; mais ces matières premières affranchies pour eux de ces mêmes droits, ils les convertissent en fils, en tissus qu'ils cherchent à introduire chez nous par tous les moyens possibles, et nous avons la certitude qu'ils y réussissent toujours plus ou moins, parce que la fraude est toujours plus active que la surveillance, et que la corruption vient encore à l'appui; de manière qu'il en résulte pour nous ce double malheur, que, d'un côté, notre gouvernement ne perçoit aucun droit sur ces introductions frauduleuses, et que, de l'autre côté, elles diminuent la consommation intérieure des produits de notre propre industrie.

Puisque perdre des droits et diminuer la consommation de nos propres étoffes, sont deux maux qui résultent nécessairement de la prohibition, et que rien n'a jamais pu en prévenir les tristes effets, à quoi nous sert de la maintenir? et ne vaut-il pas mieux tâcher de la rendre inutile, en la remplaçant par une admission qui serait au moins profitable à quelqu'un ?

Mais le moyen de rendre la prohibition inutile, sans s'exposer à de très grands dommages ? Le moyen?..... Il semblerait, en effet, d'après toutes les peines qu'on a paru se donner pour le trouver, que ce soit la pierre philosophale !

Commençons par cesser de nous créer, comme on l'a toujours fait, des fantômes pour les combattre, ou pour nous arrêter dans le chemin du vrai qui est tout droit devant nous, et déterminons-nous à y entrer et à le parcourir sans nous détourner ; et si nous rencontrons par-ci, par-là, quelques-unes de ces ronces, de ces épines que, dès l'entrée, nous avons cru apercevoir, écartons-les doucement à mesure qu'elles se présenteront ; mais ne les regardons pas d'avance comme des obstacles capables de nous retenir.

Le vrai est que la prohibition nous nuit plus qu'elle ne nous sert : cela est incontestable.

Le vrai est que les Anglais établissent sur les matières premières des droits qui grèvent nos étoffes, et qui ne grèvent pas les leurs.

Le vrai est que, par-là, ils nous indiquent eux-mêmes ce que nous avons à faire pour compenser, à notre tour, cet affranchissement de droits dont jouissent leurs étoffes.

Supposons donc, par exemple, que les Anglais aient imposé à 12, à 14 pour cent de leur valeur les cotons dont nous avons besoin, et avec lesquels ils fabriquent, sans être frappés de ce droit, ces fils, ces tissus que la fraude nous apporte de chez eux ; eh ! bien, admettons-les ouvertement, mais frappons-les, à l'entrée, d'un droit égal de 12, de 14 pour cent de leur valeur, et voilà la parité rétablie entre leurs fils, leurs tissus, leurs étoffes et les nôtres ; et voilà notre économie de main-d'œuvre qui reste encore toute entière de notre côté.

Peste ! le beau secret ! Établir à l'entrée des droits considérables qui équivalent une prohibition ! Il ne fallait pas être grand sorcier pour trouver un tel moyen !.... Et la fraude ! ne sera-t-elle pas toujours là ?

Quoi ! toujours quelques ronces, quelques épines qui se trouvent sur le chemin, vous arrêtent tout court ?.... Il ne fallait pas être grand sorcier non plus pour deviner l'œuf de Christophe Colomb ! et cependant !... Allons, patience ! patience ! nous trouverons peut-être aussi un moyen de la faire tenir droit.

Et la fraude, dites-vous ? Eh ! bien, la fraude ? L'avez-vous détruite avec la prohibition ? Convenez du moins que si nous ne la détruisons pas plus que vous, nous la resserrons dans des limites plus sûres que ne peuvent le faire des défenses absolues ; convenez encore, qu'à moins de chauger les hommes en anges, en modèles de vertus et de désintéressement, jamais on ne pourra détruire la fraude ; et qu'alors, au lieu de la tenter par des chances sans mesure, il faut tâcher de les lui ôter, ou de les lui diminuer le plus possible.

Il paraît que vous les trouvez encore trop grandes avec un droit de 12 à 14 pour cent, puisque vous prétendez qu'il équivaut une prohibition. Eh! bien ! réduisez-le, et contentez-vous de 10, de 8 même. Vous le pouvez, si vous vous rappelez que le prix de votre main-d'œuvre vous laisse au moins cette latitude, et que de plus, vos 8 pour cent ne portent pas seulement sur la matière première, mais qu'appliqués à la valeur de l'étoffe fabriquée, ils frappent aussi la main-d'œuvre étrangère.

A présent si, d'un côté, vous maintenez la rigueur des peines contre la fraude, et si, de l'autre, vous réduisez ses profits à ce taux, qui voulez-vous qui s'avise d'en courir les risques pour si peu de chose? Personne, sans doute ; et voilà la fraude qui s'anéantit d'elle-même, et qui périt d'inanition.

Mettons d'après cela les choses au pire, et supposons que les productions de l'étranger, quoique plus chères, soient encore par nous préférées aux nôtres; le commerce et le fisc du moins pourront s'en consoler; l'un, en y trouvant une nouvelle activité; l'autre, en puisant dans les droits établis, et dont on ne l'aura plus frustré, de nouvelles ressources pour consoler aussi le peuple en diminuant d'autres impôts.

Mais cette supposition est gratuite, car, pour que les marchandises étrangères soient toujours préférées aux nôtres, quoique plus chères, il faudrait pour cela qu'elles fussent aussi plus parfaites, et alors ce serait notre faute ; et comme il est certain qu'il dépendra de nous de faire aussi bien quand nous le voudrons, il est certain encore que, quand nous le voudrons, ce mal cessera d'exister, et que le pire que nous venons de supposer, n'arrivera même pas.

Si cependant, dans les commencements surtout, la perfection à atteindre était trop difficile ou trop coûteuse, et que nous ne puissions pas en effet soutenir la concurrence, sans de trop grands sacrifices, il est un moyen infaillible de l'écarter promptement, et nous sommes les premiers à avouer ici que, pour trouver ce moyen, il ne faut pas du tout être sorcier.

Que les droits qui auront été perçus à l'entrée des marchandises étrangères, soient mis en réserve et consacrés à soutenir celles de nos manufactures, qui, à force d'industrie ou de dépenses, auront atteint un degré de perfection qui, s'il ne surpasse pas, puisse au moins balancer la préférence accordée aux étrangers ; et, pour prévenir toute confusion, toute méprise dans la distribution de cette récompense, que des caisses, que des registres et comptes spéciaux soient ouverts dans nos douanes à chaque sorte de marchandise étrangère, pour y inscrire les droits qu'elle aura payés à l'entrée; et que tous les mois on annonce publiquement qu'il y a dans les coffres telle ou telle somme provenant de ces droits, destinée à l'encouragement et au profit des manufactures correspondantes de Calicot, Percales, Bazin, Bonnetterie, etc., etc., qui auront le mieux travaillé, et se seront au moins placées sur la même ligne que leurs rivaux étrangers (1).

Croyez-vous que ces étrangers, qui verront qu'ils apportent ainsi et qu'ils payent eux-mêmes la prime qui doit servir à éloigner leur concurrence, continueront à nous envoyer leurs marchandises? Croyez-vous que les Anglais persisteront à accorder le *Drawback* à leurs fabricants, lorsqu'ils le verront tourner aussi directement contre eux? Non, non, ils s'en garderont bien ; et voilà cette concurrence, dont on faisait un fantôme si redoutable, radicalement détruite, du moins pour la consommation intérieure (2).

____

(1) Il faudrait qu'un bulletin périodique des douanes fît connaître journellement l'importance des droits acquittés, afin que nos manufactures en fussent instruites, et que le gouvernement pût arrêter ou suspendre l'introduction, si elle devenait aussi trop abondante.

(2) L'on ne manquera pas de dire ici que si les assurances pour

Reste la consommation extérieure. Mais celle-ci ne tardera guère à appeler aussi nos produits dans les marchés de l'étranger, et cela par une suite naturelle du nouvel ordre de choses que notre moyen aura amené.

«Mais ce moyen ne donne rien au fisc, et nous » ne voyons pas quel intérêt il aurait à l'employer?»

La prohibition lui donne-t-elle davantage? Et n'apercevez-vous pas que l'accroissement de la prospérité de nos manufactures, qui ne peut manquer d'en résulter, lui procurera un ample dédommagement de l'abandon momentané qu'il leur aura fait de ses droits? droits, que d'ailleurs il ne perçoit pas, et que nous ne sortons pas de sa poche.

N'allez pas ensuite nous opposer que ce moyen est sujet à trop d'embarras, trop difficile à mettre

---

la fraude coûtent ordinairement de 10 à 12 pour 100, les droits d'entrée, réduits à 8, encourageront bien plus l'importation, et que l'étranger y trouvera même une grande économie. Cette réflexion est juste; mais en voici une autre qui ne l'est pas moins, et qu'il ne faut pas perdre de vue.

Ce n'est pas le prix de la dépense qui arrête ou encourage les Anglais, quand il s'agit d'introduire leurs marchandises et de nuire à nos manufactures; mais faire cette dépense, et même la faire moindre, lorsqu'elle doit servir au contraire à nous encourager, c'est ce qu'ils n'entendront jamais. L'importance de la somme, ici, n'est rien, c'est la destination, c'est l'emploi de l'argent qui est tout.

à exécution, car vous nous forceriez à vous rappeler encore ces ronces, ces épines qui vous arrêtent
toujours, ou bien à vous comparer à ces petites-maî-
tresses qui n'osent cueillir la rose dont elles ont
grande envie, dans la crainte de blesser leurs
doigts délicats. Du courage, Messieurs, de l'é-
nergie ! soyons toujours Français! C'est très bien;
mais aujourd'hui sachons être hommes.

D'après notre moyen, et quoi que vous en
puissiez dire, les Anglais, avertis par leur propre
intérêt qu'il ne leur convient plus de chercher en
France un débouché à leurs étoffes, et voyant
que, malgré leurs impôts sur les matières premières, les Français, par la mesure que nous
venons d'indiquer, autant que par leur perfection
et leur économie, rivalisent avec eux, et sont sur
le point de les surpasser, se tourneront tout
entier vers le grand commerce maritime, dimi-
nueront d'eux-mêmes leur industrie manufacturière, et laissant à nos manufactures une prépondérance qu'ils ne voudront plus leur disputer,
amèneront ce nouvel ordre de choses que nous
vous avons promis, c'est-à-dire, que notre industrie manufacturière remplacera partout, et au-
dehors comme au-dedans, celle des Anglais.

Si cependant, nous dit-on, si, contre votre
opinion, le gouvernement anglais allait vouloir
persévérer dans son système d'envahissement de
l'industrie manufacturière, et que, pour le

maintenir, il continuât à faire des sacrifices tels,
que vos marchandises ne pussent jamais rivaliser
avec les siennes ; qu'il en résultât enfin l'anéantissement de toutes vos fabriques, ce qui aurait
été évidemment son but ; alors que feriez-vous ?
Ce que nous ferions ?..... D'autres temps, d'autres
soins...... Nous pensons, nous, que le gouvernement anglais y regardera à deux fois avant de
se montrer ouvertement injuste et oppresseur,
alors que, par les moyens que nous proposons,
nous nous serons montrés sages et équitables ; il
redoutera les derniers efforts d'une nation telle
que la nôtre, et peut-être aussi ceux de toute
l'Europe, déjà fatiguée de sa domination. Ne
soyons donc plus arrêtés par une supposition que
l'équité, que la sagesse, que la prudence re-
poussent également. Au surplus, si, comme vous
le dites, et si, contre toute probabilité, le gouvernement anglais persévèrait dans son système
de sacrifices, pour anéantir notre industrie manufacturière, il y aurait à choisir entre deux partis.

L'un, de renoncer à lutter contre lui, et de
nous en tenir à l'agriculture et au commerce qui,
bien exploités, peuvent suffire au bonheur de la
France, comme ils le faisaient autrefois, et cons-
titueraient peut-être plus solidement sa prospérité.

L'autre, de rétablir le système des prohibitions,
mais avec de tels accessoires qu'il ne puisse plus

être chimérique et vain ; et ces accessoires ne sont rien moins que d'imiter à cet égard, en tous points, l'Angleterre, c'est-à-dire :

1°. De former en France un esprit public qui repousse de lui-même les productions de l'industrie étrangère ; et, pour cela, d'obtenir qu'à la cour, chez les grands et chez les riches, *et surtout chez nos dames*, on ne trouve jamais ni dans leurs habillements, ni dans leurs parures, ni dans leurs mobiliers, un fétu qui ne provienne de l'industrie nationale française, quelque imparfait, quelque coûteux qu'il soit.

2°. D'établir de forts impôts sur la consommation intérieure des produits de notre industrie manufacturière, et d'appliquer ces impôts à payer des primes d'exportation à tous ceux de ces produits qui passeraient à la consommation extérieure ; enfin de nous placer nous-mêmes dans cette situation forcée, qui cause et renouvelle si fréquemment des troubles en Angleterre ; car il nous faudrait, comme les Anglais, dire : « toi, » ouvrier qui fabrique (je suppose) des cha- » peaux, je te donnerai six francs pour chaque » chapeau que tu enverras au-dehors, mais tu » me paieras six francs pour chaque chapeau » que tu garderas pour ton usage, ou dont tu » voudras couvrir la tête de tes concitoyens. » Et ainsi de toute autre chose ; et en augmentant forcément, de cette manière, la dépense du peuple, augmenter à proportion le prix de notre main-d'œuvre.

Ce n'est pourtant qu'à l'aide de ces moyens factices que le gouvernement anglais est parvenu à faire prévaloir au-dehors les produits de son industrie manufacturière, et ses concitoyens s'y sont prêtés ; à la vérité, ce n'a pas toujours été sans rumeur et sans faire craindre de voir un jour renverser un tel ordre de choses, qui ne pourra s'y soutenir qu'autant que l'esprit public y demeurera le même.

Ce n'était pas sans raison que nous vous parlions tout-à-l'heure de l'intérêt général en opposition avec celui du plus petit nombre ; car c'est ici le cas de vous le rappeler, et de vous demander si vous voulez sacrifier au bien de vos manufactures celui de tous vos consommateurs, et même celui de tous vos commerçants, qui, dans la double hypothèse du succès de vos fabriques et de la continuelle fertilité de votre sol, n'auraient, pour ainsi dire, plus rien à acheter de l'étranger, et ne lui présenteraient partout qu'une masse de vendeurs.

C'est encore une question qui n'a jamais été résolue, et qui pourtant mérite bien d'être approfondie, de savoir si une grande nation, établie sur un grand et fertile territoire, a réellement besoin, pour prospérer, d'avoir aussi une grande industrie manufacturière ? Nous ne la décidons pas, mais nous pensons, qu'à moins d'un excé-

dent de population (ce qui n'est point notre cas),
ce n'est guère qu'aux dépens de son agriculture
qu'elle peut consacrer des bras à l'industrie manufacturière (1).

D'après cette réflexion, nous ne devrions peut-
être pas desirer que, comme nous venons de le
dire, le gouvernement anglais nous abandonnât
la prépondérance manufacturière à laquelle nous
avons droit de prétendre ; mais si tant est que
nous y prétendions réellement, on aurait tort
d'imaginer que, se prévalant ensuite de cette
nouvelle prépondérance, qu'il aurait nécessairement agrandie sur les mers, il voulût en profiter
pour enchérir les matières premières, en augmentant les impôts dont il serait maître de les
frapper. Car à quoi cela lui servirait-il ? C'est
pour les vendre qu'il aurait été les chercher dans
les deux Indes, et du moment où il voudrait les tenir
trop cher, on ne les lui acheterait pas ; et alors,
pour en tirer parti, il serait obligé d'élever encore
de nouvelles fabriques, en diminuant d'autant
sa nouvelle marine ; et ainsi ce serait toujours à

____

(1) Il entre peut-être un peu d'indolence et de paresse dans
cette prétendue vocation pour l'industrie manufacturière ; l'ouvrier qu'elle enlève à l'agriculture trouve bien plus doux et bien
plus commode de gagner sa journée assis à un métier, que courbé
vers la terre ; mais, pendant qu'il fait jouer sa navette, la terre
reste en friche, et les vrais trésors demeurent enfouis.

recommencer. Non, non, les Anglais entendront mieux leurs intérêts que cela ; ils savent déjà, aux dépens de leur propre expérience, combien il est dangereux d'avoir beaucoup de marchandises, lorsqu'on n'a pas en proportion beaucoup de consommateurs pour les employer ; et la France, devenue grandement agricole et manufacturière, en sera un pour eux, trop important à conserver, pour ne pas le traiter toujours avec ménagement. Eh ! mon dieu ! il arrivera peut-être tout le contraire de ce qu'on pourrait craindre, et peut-être ce seront les acheteurs qui feront la loi aux vendeurs : cette hypothèse est même plus probable que l'autre ; car chômer de fabriquer, rien ne périclite ; mais chômer de vendre, la marchandise dépérit, ou les intérêts s'accumulent.

Il nous paraît donc bien démontré, qu'en tout état de cause, il est plus avantageux pour la France de consentir à l'admission chez elle des produits de l'industrie étrangère, moyennant des droits d'entrée appliqués à l'encouragement de ses manufactures, que de maintenir la prohibition ; et l'on aura beau tourner et retourner la question de cent mille manières, nous croyons fermement qu'il faudra toujours en venir là ; la crise dans laquelle nous sommes, nous commande au moins d'en faire l'essai, et il est douteux que cet essai rende jamais notre situation pire.

Nous ne nous flattons pas d'avoir indiqué toutes

les précautions qu'il y aura à prendre en adoptant notre proposition ; nous n'avons voulu que mettre sur la voie et faire connaître les principales ; nous laissons à Messieurs les économistes le soin d'apprécier les modifications qu'elles sont susceptibles de recevoir.

Le voilà pourtant ce bien qui paraissait si difficile à trouver, qui semblait si problématique. Le voilà ! Oui, le voilà ! nous osons le dire, et le contester, ce serait vouloir méconnaître la puissance de l'industrie française !

Eh ! qui pourrait jamais lui disputer la palme du génie ? Qui pourrait nier que c'est en France que la plupart des inventions utiles, des découvertes les plus précieuses ont pris naissance, et que si elles se sont impatronisées chez l'étranger, ce n'est que parce qu'elles y ont trouvé cet accueil, cette protection, ces encouragements, ces moyens d'exécution et de perfectionnement, qu'autrefois leur patrie semblait leur refuser, mais qu'aujourd'hui, mieux gouvernée, elle s'empressera de leur offrir. Nier la puissance de l'industrie française ! c'est un blasphême que personne n'oserait proférer, et que nous repousserions avec indignation.

Nous, qui la reconnaissons ; nous, qui lui rendons le juste hommage qui lui est dû, nous garantissons les résultats que nous avons annoncés, puisqu'ils ne dépendent que d'elle et de la protection aussi éclairée que sage que le Prince, sous lequel nous vivons, voudra lui accorder.

Cette protection est indispensablement nécessaire à son essor, à ses succès; car ce ne sont pas les peuples qui conduisent les gouvernements, ce sont les gouvernements qui déterminent la vocation des peuples. Qu'un chef soit tout guerrier, comme celui dont nous sommes aujourd'hui heureusement délivrés, et tout le peuple court aux armes comme nous avons fait; mais que ce chef soit un BOURBON, et qu'il se pique, comme Louis XVIII, d'être sage administrateur et loyal observateur de sa foi; que ce Prince, ami de la paix, se déclare le protecteur de l'agriculture, de l'industrie, des arts et du commerce, et tout le génie français va se porter avec enthousiasme vers les professions les plus libérales et les plus utiles.

Si partout le peuple est imitateur, c'est en France, peut-être, qu'il l'est le plus. Le Français, amant de la mode, la suit avidement, et c'est toujours de la cour qu'il la reçoit. Qu'il y voie régner celle du commerce, qu'il apprenne qu'on s'y occupe de grands intérêts commerciaux, qu'on y parle industrie et manufactures; que tels et tels grands Seigneurs s'adonnent à perfectionner la culture de leurs terres; que, pour trouver des débouchés à leurs produits, ils s'approchent du commerce et s'identifient avec lui; que le peuple puisse savoir enfin que telle est la mode, et vous allez voir toutes les têtes s'occuper des mêmes choses, tous les Français s'y livrer avec l'ardeur qui les caractérise., et l'industrie française prendre un essor qui étonnera l'univers.

L'on ne se doute pas, non, l'on ne se doute pas des miracles qu'elle peut opérer ! Et n'en sommes-nous pas déjà un, nous-mêmes ? Nous ! perdus dans la foule, et dont le nom n'a jamais retenti dans la république des lettres, nous voilà aujourd'hui transformés en publicistes ! Qui est ce qui a éveillé nos idées, et nous a donné la hardiesse et peut-être le talent de les émettre avec clarté, si ce n'est la nécessité, mère de l'industrie; si ce n'est la profonde douleur que nous ressentons des maux de notre patrie; si ce n'est encore notre ardent amour pour elle et pour ces dignes Princes que nous avons le bonheur de revoir encore régner sur nous ? Est-il un seul Français qui ne partage ces sentiments, et qui ne soit prêt à tout entreprendre pour le bonheur de son pays et l'amour de son Roi ?..... Le patriotisme est mort en France, dit-on ? Calomnie ! calomnie que cela ! Le patriotisme existe, mais il est assoupi, et il n'attend, pour se réveiller, que le signal de son chef.

Ah ! ranimez-le, Monarque autant chéri que respecté ! Et vous, Princes augustes, qui composez la famille de Louis-le-Désiré ; et vous encore, nobles Seigneurs, qui formez sa cour,

et qui avez eu le bonheur de l'accompagner dans
sa retraite hospitalière ; vous tous, qui avez vu
de près, comme lui, les sources de la véritable
grandeur, de la véritable prospérité des nations !
Vous, qui avez reconnu et admiré l'étonnante
puissance d'un peuple tout industrieux et tout
commerçant ; vous enfin, qui voulez aussi la
vraie gloire, la vraie puissance de notre patrie,
réunissez-vous, dites un mot, dites : « Nous vou-
» lons que la France soit essentiellement agricole,
» manufacturière et commerçante, » et vous
allez voir toute la France se lever, et s'empresser
d'accomplir votre sage volonté !

SIRE ! le vrai n'est qu'un, et à tous les esprits
droits il se montre palpable. Nous l'avons dit avec
simplicité et sans ornement ; nous l'avons dit du
fond du cœur et de toute notre pensée ; nous l'a-
vons présenté, dégagé de tous ces sophismes qui ne
servent qu'à l'envelopper et à l'obscurcir ; et nous
le répétons encore avec la plus intime conviction.

*L'Entrepôt universel, l'Admission de tous les
produits étrangers, sans exception, mais avec
des droits sagement établis, et ces droits appliqués au soutien de nos manufactures ; ensuite
protection réelle et efficace pour l'industrie,
tels sont les premiers principes du bien* (1).

---

(1) Mais protection bien différente de celle qu'on accorde aujourd'hui, et qui en même temps qu'elle décerne un brevet d'in-

Sans doute ils seront accompagnés de quélques inconvénients ; mais quelle est la chose intrinsèquement bonne en elle-même, qui ne rencontre les siens ? Faut-il en faire des monstres, et les transformer en obstacles insurmontables ? Faut-il enfin pour cela la rejeter ? Non, non, il ne s'agit que de chercher à diminuer les inconvénients, et, en tout état de cause, se résigner à les supporter.

Courir après la perfection, c'est vouloir atteindre une chimère. Le bien, du moins, le bien n'en est point une, et il résultera, SIRE ! il résultera, n'en doutez pas, des moyens que nous proposons !

---

vention à l'auteur d'une découverte, l'oblige aussi à payer le prix de ce brevet. Monstruosité de contradiction qui n'a pas d'exemple, et qui ne se rencontrerait pas chez les peuples les moins civilisés de la terre.

FIN.

9 782329 697680